中华文化风采录

丰富民俗文化
浓情的端午

王丽 编著

北方妇女儿童出版社
·长春·

版权所有　侵权必究

图书在版编目(CIP)数据

浓情的端午 / 王丽编著. —长春：北方妇女儿童出版社，2017.5（2022.8重印）

（丰富民俗文化）

ISBN 978-7-5585-1074-8

Ⅰ．①浓… Ⅱ．①王… Ⅲ．①端午节－风俗习惯－中国－通俗读物 Ⅳ．①K892.18-49

中国版本图书馆CIP数据核字（2017）第100700号

浓情的端午

NONGQING DE DUANWU

出 版 人	师晓晖	
责任编辑	吴　桐	
开　　本	700mm×1000mm　1/16	
印　　张	6	
字　　数	85千字	
版　　次	2017年5月第1版	
印　　次	2022年8月第3次印刷	
印　　刷	永清县晔盛亚胶印有限公司	
出　　版	北方妇女儿童出版社	
发　　行	北方妇女儿童出版社	
地　　址	长春市福祉大路5788号	
电　　话	总编办：0431-81629600	
定　　价	36.00元	

序言

习近平总书记说："提高国家文化软实力，要努力展示中华文化独特魅力。在5000多年文明发展进程中，中华民族创造了博大精深的灿烂文化，要使中华民族最基本的文化基因与当代文化相适应、与现代社会相协调，以人们喜闻乐见、具有广泛参与性的方式推广开来，把跨越时空、超越国度、富有永恒魅力、具有当代价值的文化精神弘扬起来，把继承传统优秀文化又弘扬时代精神、立足本国又面向世界的当代中国文化创新成果传播出去。"

为此，党和政府十分重视优秀的先进的文化建设，特别是随着经济的腾飞，提出了中华文化伟大复兴的号召。当然，要实现中华文化伟大复兴，首先要站在传统文化前沿，薪火相传，一脉相承，弘扬和发展5000多年来优秀的、光明的、先进的、科学的、文明的和自豪的文化，融合古今中外一切文化精华，构建具有中国特色的现代民族文化，向世界和未来展示中华民族具有独特魅力的文化风采。

中华文化就是中华民族及其祖先所创造的、为中华民族世世代代所继承发展的、具有鲜明民族特色而内涵博大精深的优良传统文化，历史十分悠久，流传非常广泛，在世界上拥有巨大的影响力，是世界上唯一绵延不绝而从没中断的古老文化，并始终充满了生机与活力。

浩浩历史长河，熊熊文明薪火，中华文化源远流长，滚滚黄河、滔滔长江是最直接的源头，这两大文化浪涛经过千百年冲刷洗礼和不断交流、融合以及沉淀，最终形成了求同存异、兼收并蓄的辉煌灿烂的中华文明。

中华文化曾是东方文化的摇篮，也是推动整个世界始终发展的动力。早在500年前，中华文化催生了欧洲文艺复兴运动和地理大发现。在200年前，中华文化推动了欧洲启蒙运动和现代思想。中国四大发明先后传到西方，对于促进西方工业社会形成和发展曾起到了重要作用。中国文化最具博大性和包容性，所以世界各国都已经掀起中国文化热。

中华文化的力量，已经深深熔铸到我们的生命力、创造力和凝聚力中，是我们民族的基因。中华民族的精神，也已深深根植于绵延数千年的优秀文

序言

化传统之中，是我们的精神家园。但是，当我们为中华文化而自豪时，也要正视其在近代衰微的历史。相对于5000年的灿烂文化来说，这仅仅是短暂的低潮，是喷薄前的力量积聚。

中国文化博大精深，是中华各族人民5000多年来创造、传承下来的物质文明和精神文明的总和，其内容包罗万象，浩若星汉，具有很强的文化纵深感，蕴含丰富的宝藏。传承和弘扬优秀民族文化传统，保护民族文化遗产，已经受到社会各界重视。这不但对中华民族复兴大业具有深远意义，而且对人类文化多样性保护也是重要贡献。

特别是我国经过伟大的改革开放，已经开始崛起与复兴。但文化是立国之根，大国崛起最终体现在文化的繁荣发展上。特别是当今我国走大国和平崛起之路的过程，必然也是我国文化实现伟大复兴的过程。随着中国文化的软实力增强，能够有力加快我们融入世界的步伐，推动我们为人类进步做出更大贡献。

为此，在有关部门和专家指导下，我们搜集、整理了大量古今资料和最新研究成果，特别编撰了本套图书。主要包括传统建筑艺术、千秋圣殿奇观、历来古景风采、古老历史遗产、昔日瑰宝工艺、绝美自然风景、丰富民俗文化、美好生活品质、国粹书画魅力、浩瀚经典宝库等，充分显示了中华民族厚重的文化底蕴和强大的民族凝聚力，具有极强的系统性、广博性和规模性。

本套图书全景展现，包罗万象；故事讲述，语言通俗；图文并茂，形象直观；古风古雅，格调温馨，具有很强的可读性、欣赏性和知识性，能够让广大读者全面触摸和感受中国文化的内涵与魅力，增强民族自尊心和文化自豪感，并能很好地继承和弘扬中国文化，创造未来中国特色的先进民族文化，引领中华民族走向伟大复兴，在未来世界的舞台上，在中华复兴的绚丽之梦里，展现出龙飞凤舞的独特魅力。

目 录

百变源流——端午起源

源于百越族的图腾祭祀　002
爱国诗人屈原悲愤投江　013
纪念千古孝女曹娥娘娘　020

一脉相承——习俗流布

028　粽子相关食材的历代变迁
033　粽子不同风味和多种样式
040　风格迥异的节日饮食习俗
048　少数民族的别样端午节

目录

精彩演绎——龙舟文化

具有深厚内涵的龙舟文化　064

绽放异彩的传统制作工艺　075

秭归汨罗江纪念屈原龙舟赛　083

百变源流
端午起源

农历五月初五端午节,是我国古老而隆重的传统节日之一。每到这个节日,举国同庆,民俗盛行,蕴含了深厚的民俗文化。

端午节还称为五月节、夏节、浴兰节、女儿节、天中节、诗人节等,是我国几千年来的传统习惯。由于涉及的地域广大,民族众多,起源传说很多,充满神秘色彩。

屈原的爱国精神和感人诗篇,已广泛深入人心,故人们"惜而哀之,世论其辞,以相传焉",因此,纪念爱国诗人屈原之说,影响深远,占主流地位。

源于百越族的图腾祭祀

相传早在四五千年前,水乡泽国有一个以龙为图腾的民族,他们每年在农历五月初五举行龙图腾祭祀。在祭祀仪式中,有个半宗教半民俗的神人共娱节目,就是举行龙舟竞渡。他们还往水里投粽子,这是献给图腾神的祭品。

在祭祀过程中,乡民们断发文身,以显示自己是龙子的身份。原来这里也有在五月初五用"五彩丝系臂"的民间风俗,这也成为"像龙子"文身习俗的遗迹。

后来,人们在长江中下游的广大地区,发现了一些新石器时代的一种几何印纹陶为特征的文化遗存。这些遗存的族属,是一个崇拜龙图腾的部族,史称百越族。

石刻龙图腾

百越族的生产工具，大量的是石器，也有铲、凿等小件的青铜器。在作为生活用品的坛坛罐罐中，烧煮食物的印纹陶鼎，是他们所特有的族群标志之一。那么，百越族为什么在五月初五进行龙图腾的祭祀呢？

古时候，夏历每月初五皆可称端五。北宋李昉、李穆、徐铉等学者奉敕编纂的著名百科全书类丛书《太平御览》的《风土记》中记述：

仲夏端五，端，初也。

■《龙啸九天》雕塑

也就是说，"端"的意思和"初"相同，初五就称"端五"。端五的"五"与"午"相通，亦称"端午"。按地支顺序推算，五月正是"午"月，又因午时为"阳辰"，"端五"也叫"端阳"。五月初五，月、日都是"五"，故称"重五"，也称"重午"。

作为民间的节日，五月初五这个"重五"的数字有着特殊的意义。古代许多先人认为，在以"十"为足数的系统中，"五"是半数。在天干、地支中，"午""戊"也都居中。金木水火土五行，成为人们最基本的自然概念。

在春秋时期，纵横家鼻祖鬼谷子著述的我国最早的军事理论策略《鬼谷子·阴符篇》有"盛德法五龙"的说法。南朝梁时著名的医药家、炼丹家、文学

天干、地支 在我国古代的历法中，甲、乙、丙、丁、戊、己、庚、辛、壬、癸被称为"十天干"，子、丑、寅、卯、辰、巳、午、未、申、酉、戌、亥叫作"十二地支"。十干和十二支依次相配，组成60个基本单位，两者按固定的顺序互相配合，组成了干支纪法，在古代主要用于纪日，用来纪月、纪年、纪时等。

■ 青龙雕塑

家，人称"山中宰相"的陶弘景注曰：

五龙，五行之龙。

古老神话传说的五龙中，四条子龙各治东南西北一方，即金木水火四行，父龙居中央而为共主，"五"也就被赋予了帝王的神圣尊荣含义。这样，初五就成了敬畏龙的日子，而"重五"日就是祭龙的盛大节日，也称为龙节。百越族人创立祭祖的龙节，后来人们就称为"端午节"。

在久远的历史发展中，大部分百越族人融合到汉族中，其余部分演变为南方少数民族，端午节就成了全中华民族的节日了。

那么，龙图腾到底是怎么回事呢？它的文化内涵是什么呢？在神话传说中，龙是一种神异的动物。它的长相相当奇特，很像各种动物的集合。它的身体像蛇一样有鳞片且修长，但它的角像鹿一样，耳朵像牛，嘴上有两条像虾须一样的须，也有又大又凸的圆眼睛，还有长得像老鹰的爪子，老虎一般的脚掌，背上有鱼鳍，嘴里含有一颗珠子。

因此，龙在人们心目中非常厉害，它能在天空中飞行，能在地上爬走，也可以悠游海中，它住在深海

> 《山海经》先秦时的重要古籍，是一部富于神话传说的最古老的奇书，传世版本共计18卷，包括《山经》5卷，《海经》13卷。其内容包罗万象，主要记述古代神话、地理、动物、植物、矿产、巫术、宗教等，也包括古史、医药、民俗、民族等方面的内容，其中的矿物记录，是世界最早的有关文献。

里，难得一见。

先秦重要古籍，富于神话传说的最古老的地理书《山海经》记载：

> 夏后启、蓐收、句芒等都"乘雨龙"。另有书记"颛顼乘龙至四海""帝喾春夏乘龙"。前人分龙为四种：有鳞者称蛟龙，有翼者称应龙，有角者称虬龙，无角者称螭龙。

有人认为，龙是远古炎黄统一中原各部落后，糅合各氏族的图腾而形成的统一形象。传说龙能隐能显，春风时登天，秋风时潜渊，又能兴云致雨。后来，龙成为皇权的象征，历代帝王都自命为龙，使用器物也以龙为装饰。龙被中华民族先民作为祖神敬奉，普遍尊尚"龙"，我国汉族人民也经常将自己称作是"龙的传人"。

中华民族普遍认为，龙代表着吉祥和神圣尊贵。在我国历史上的各个朝代，帝王们都称自己为"真龙天子"，这样就使龙也具有了权

端午龙舟雕塑

■ 龙形浮雕

力的象征。

古代的帝王们和龙是脱离不了关系的，普遍认为皇帝是真龙转世，说他们的长相叫"龙颜"，身体是"龙体"，衣服叫"龙袍"等。凡是皇帝用的东西，都要冠上一个"龙"字。其实，皇帝之所以会跟龙扯上关系，还要从远古说起。

传说尧是赤龙族的后代，他的母亲在怀孕时，常有赤龙伏在身上，由此人们推断，赤龙族是龙的子孙，与龙有血缘关系。大禹的父亲死后三年变成黄龙，背着大禹治水患，都与龙有关系。

到了汉代，汉高祖刘邦虽然打败了西楚霸王项羽，但因为他的家庭背景不太好，于是，他编了一个故事，说是他的母亲是因蛟龙缠身才生下了他，所以他是由龙转世的真命天子。以后的皇帝也照葫芦画瓢地学刘邦这一招，所以龙的地位又上升了不少。

不过龙只有皇帝能用，那对百姓就太不公平了，所以五爪的龙给皇帝用，四爪的龙给大臣或贵族用，三爪的龙百姓就能用了。

在我国传统的十二生肖中，龙排列第五。龙与凤凰、麒麟、龟一起并称"四瑞兽"。青龙与白虎、朱雀、玄武是我国天文的四象。

项羽（前232年～前202年），名籍，字羽，秦下相人，故都彭城，他是我国军事思想"勇战派"代表人物，秦亡后称西楚霸王，后与刘邦争夺天下，楚汉战争兵败乌江边自刎。古人对其有"羽之神勇，千古无二"的评价。

佛教中的龙是天人中八个部落中的一支，即天龙八部，八部中第二个是龙部。佛教中的天龙，是佛教护法神，龙部众生都是以护卫佛法金刚为己任，保证佛法在三界中不被祸乱。有人真正修行佛教时，也有龙部众生被派遣来保护修佛人的说法，这就是护法。

天龙，就是指天上的龙，或升天的龙。龙能够腾翔于云天，是由其取材对象和它的神性决定的。龙的神性可以用喜水、好飞、通天、善变、显灵、征瑞、兆祸、示威来概括。其中的"好飞"和"通天"，是"天龙"形成的决定性因素。

龙的集合对象中的雷电、云雾、虹霓等，本来就是飞腾在空中的"天象"。而鱼、鳄、蛇等在水中潜游之快，马、牛、鹿等在陆地上奔跑之速，都类似于"飞"。

远古的人们由于思维的模糊性，往往将潜游于水中的鱼、鳄、蛇，或奔跑于陆地上的马、牛、鹿，还

麒麟 我国古籍中记载的一种动物，外形像鹿，头上独角，全身有鳞甲，尾像牛尾。麟凤龟龙共称为"四灵"。麒麟性仁慈，四灵兽中地位最高，是神的坐骑。古人把麒麟当作仁兽、瑞兽。雄性称麒，雌性称麟，常用来比喻杰出的人，成为民间祥瑞的独特代表。

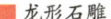
龙形石雕

■ 玉雕龙

有飞升腾跃在空中的雷电、云雾、虹霓，看成一个神物的不同表现，从而认为龙能在水中游、地上跑，也就能在天上飞。

"好飞"就可以"通天"。龙"飞"的方向和域界，自然是神秘、辽阔、至高无上的天。从远古以来，人们总是让神龙出现在浩渺无垠的云气中。

浙江余姚河姆渡发现的黑陶双耳盆上，有将"鱼藻纹"和"鸟纹"刻画在一起的图案，陕西宝鸡北首岭发现的"鸟鱼纹"，也将天上飞的鸟同水中游的鱼龙的集合对象联系起来。这就透示出，早在新石器时代早期，龙的模糊集合之初，龙就开始有了"通天"的意味。

我们的祖先生活在异常艰辛的环境里，自然界灾害频发，氏族间你争我斗，自身面临生老病死诸多苦痛。进入阶级社会后，又增加了来自专制皇权的压力，

> **三纲五常** 我国儒家伦理文化中的架构。"三纲"即"君臣义""父子亲""夫妇顺"。"五常"是指"仁、义、礼、智、信"。是用以调整、规范君臣、父子、兄弟、夫妇、朋友等人伦关系的行为准则。

这种压力又同道德伦理相结合，以"三纲五常"等形式灌进人们的血脉中，不容分说、不可抗拒地捆绑住人们的手脚。

人们有追求自由的天性，可是天性自由却无时无刻不在羁绊之中，于是，人们期冀着、希求着、幻想着挣开绳索，超脱尘世，过一种能使天性充分展开的无拘无束的生活。龙为满足人们这样的心理提供了可能。

远古时期的百越族崇拜龙，认为他们是图腾龙的后代，就将龙尊奉为本氏族的标志、象征和保护神。图腾作为人类最古老的文化一直都在流传着。

有关龙图腾起源的传说也特别多，比较流行的说法是，以蛇为原型的综合图腾。

在《伏羲考》和《端午考》等有关神话学研究的重要论著中认为：

龙是一种图腾，并且是只存在于图腾

伏羲 三皇之首，百王之先。他和女娲同是中华民族的人文始祖，受到了中华儿女的称赞和共同敬仰。他根据天地万物的变化，发明创造了八卦，这是我国最早的计数文字，是我国古文字的发端，从此结束了"结绳记事"的历史。伏羲后来被中国神话描绘为"人首龙身"，被奉为中华文明的人文始祖。

■ 龙形雕刻

祭祀 华夏礼典的一部分,更是儒教礼仪中最重要的部分,礼有五经,莫重于祭,是以事神致福。祭祀对象分为三类:天神、地祇、人鬼。天神称祀,地祇称祭,宗庙称享。祭祀的法则详细记载于儒教圣经《周礼》《礼记》中,并有《礼记正义》《大学衍义补》等书进行解释。

中,而不存在于生物界中的一种虚拟的生物,因为它是由许多不同的图腾糅合成的一种综合体。

龙图腾,不拘于它局部的像马,或像鱼、像鸟、像鹿,它的主干部分和基本形态却是蛇。这表明在当初众图腾单体林立的时代,内中以蛇图腾最为强大,众图腾的合并与融合,便是蛇图腾兼并与同化了许多弱小单体的结果。

在古老的神话传说中,龙图腾还有很多说法,有的认为龙源于马,有的认为龙源于恐龙,还有的认为龙源于蜥蜴、鳄鱼等。但是,这些都不可信。

那么,龙图腾到底是由何而生的呢?这还得从最早的祭祀说起。

根据相关记载,祭祀的最初形成是,原始社会的人们认为,人的灵魂可以离开躯体而存在,于是便把这种灵魂观念的派生物,用竹木或泥土塑造成神灵偶像,或画出日月星辰野兽等神灵形象,作为崇拜对象的附体。然后在偶像面前陈列献给神灵的食物和其他礼物,并由主持者祈祷,祭祀者对着神灵唱歌、跳舞。

我国的祭祀文化起源较早,大约有8000多年了,甚至更加久远。由于我国独特的地理环境和黄色人种特有的思维模式,我国

■ 建筑上的龙雕

在祭祀文化的起源和形式上，与其他民族存在着一定程度上的差异性。就好比龙图腾的另类一样，不可避免地会留下民族的特征和烙印。

中华文明起源于黄河中下游。原始人面对着肆虐的黄河，无比的敬畏。认为黄河是由神来主宰，于是祭河神开始渐渐兴起，成为我国重要的祭祀活动之一。

传说人们祭河神要献上很多祭品，一开始是用牲畜作为祭品，诸如蛇、鹿、牛、马、虎、熊等。在祭祀的过程中，人们惊异地发现，如果把这些作为祭品的动物组合起来，正好是一条完整的中国龙形象！

■ 龙形雕刻

就这样，形成了龙的最初形象，也可以说，龙的形象起源于祭祀，祭祀文化的兴起略早于龙图腾的崇拜。在人类漫长的历史发展中，中国龙的形象不断演化，这是由于祭祀文化多元化发展造成的。

祭祀初始是祭河神，后来又逐步发展到祭天、祭海等。人们用来做祭品的动物种类越来越多，被不断地添加到龙的形象中去，龙也不断被神话为上天入海无所不能的吉祥物，逐渐形成了对龙图腾的崇拜。

龙的形象虽然有很多种变化，但是蛇身却作为龙

祭品 即祭祀时用的物品。根据不同种族和不同地域，祭品的形式十分丰富，有动物如猪、牛、羊、鸡，也有植物，还可以是衣物等物品。在远古时代，甚至有拿活生生的人作为祭品的；暴政时期也曾出现过用活人陪葬与祭祀的情况，十分残忍。

的主体形象一直存在，也是中国龙形象构成的基础。

龙的传说历史悠久，商代甲骨文中已有结构完备的"龙"字，龙的图案和传说更可追溯到遥远的史前文化。人们推测，以蛇为图腾的部落不断战胜、融合其他部落，逐渐形成了华夏大民族。

在我国传统的习俗中，龙是吉祥的象征。在辽阔的神州大地上，以龙为名的山川城池不计其数，以龙为号的亭台楼阁不胜枚举，与龙有关的民俗比比皆是。

中华民族的先人，尊奉龙是神灵、权威的象征。对龙的崇拜由来已久，龙已成为中华民族先民心中神圣的图腾。人们普遍认为，在远古时代，人们崇拜龙，每年的五月初五都要祭祀龙图腾，久而久之就形成了民俗风情，这便是端午节的起源。

阅读链接

尧生在伊祈山，尧母庆都出生时，常有黄云覆在她的身上，成年后常有龙跟着她。既而阴风四合，怀有身孕，14个月生尧于丹陵。

端午节祭祀龙图腾，希望每个人都能成为一条中华龙。"龙能大能小，能升能隐；大则兴云吐雾，小则隐介藏形，升则飞腾于宇宙之间，隐则潜伏于波涛之内。

"龙乘时变化，犹人得志而纵横四海。龙之为物，可比世之英雄。夫英雄者，胸怀大志，腹有良谋，有包藏宇宙之机，吞吐天地之志者也。"

以龙为图腾，称为中华民族是"龙的子民""炎黄子孙""龙的传人"，其鲜活的文化内涵无与伦比。对中华民族的复兴发展意义深远重大。

爱国诗人屈原悲愤投江

春秋时期，楚国有一个大臣叫屈原。他于公元前340年出生在秭归，他自幼勤奋好学，胸怀大志。

早年受楚怀王信任，任左徒、三闾大夫，常与怀王商议国事，参与法律的制定，主张章明法度，举贤任能，改革政治，联齐抗秦，提倡"美政"。

屈原塑像

在屈原的努力下，楚国的国力有所增强。但是，他的性格十分耿直，在修订法规的时候不愿听从上官大夫的话，再加上楚怀王的令尹也阻止怀王接受屈原的意见，怀王便对屈原产生了罅隙，疏远了屈原。

屈原虽然遭谗被疏，但是他始终以国家的兴亡、人民的疾苦为念，希

■ 屈原塑像

望楚王幡然悔悟，奋发图强，做个中兴之主。他明知忠贞耿直会招致祸患，但却始终"忍而不能舍也"。

屈原明知自己面临着许许多多的危险，他完全可以去别国寻求出路，但他却始终不肯离开楚国半步。表现了他对国家的无限忠诚，和他"可与日月争光"的高尚人格与意志。

公元前305年，屈原反对楚怀王与秦国订立黄棘之盟，但是楚国还是彻底投入了秦国的怀抱。屈原也被楚怀王逐出郢都，开始了被流放的生涯。

屈原被流放到了沅江和湘江流域。在流放期间，他写下了忧国忧民的《离骚》《天问》《九歌》等不朽的诗篇。他在诗中抒发了炽热的爱国思想感情，表达了他对楚国的热爱，体现了他对理想的不懈追求和为此无怨无悔的精神。

屈原创造的"楚辞"文体在我国文学史上独树一帜，与《诗经》并称"风骚"二体，对后世诗歌创作产生了积极影响。

《离骚》是屈原以自己的理想、遭遇、痛苦、热情乃至整个生命所熔铸而成的宏伟诗篇，其中闪耀着鲜明的个性光辉，是屈原全部创作的重点。

《天问》是屈原根据神话、传说材料创作的诗篇，着重表现作者的学术造诣及其历史观和自然观。

《九歌》是楚国祀神乐曲，经屈原加工、润色而

黄棘之盟 公元前310年，秦惠文王去世，太子荡继位，有人建议武王杀张仪。张仪闻讯，邀他的老乡魏章一道逃回魏国。公元前305年，秦、楚两国互为婚姻，秦迎妇于楚，楚迎妇于秦，结为昆弟之国。次年，怀王与昭襄王在楚国黄棘会晤，并签订了"黄棘之盟"。

成，在人物感情的抒发和环境气氛的描述上，充满浓厚的生活气息。

《离骚》和《九歌》构成了屈原作品的基本风格。这些作品是他坚持"美政"理想，与腐朽的楚国贵族集团进行斗争的实录。他的"美政"理想表现在作品中，就是"举贤而授能兮，循绳墨而不颇"。

所谓"举贤授能"，就是不分贵贱，把真正有才能的人选拔上来治理国家，反对世卿世禄，限制旧贵族对权位的垄断。屈原还以奴隶傅说、屠夫吕望、商贩宁戚的历史事迹为例，说明了不拘身份选拔人才的合理性。

所谓"循绳墨而不颇"，就是修明法度，即法不阿贵，限制旧贵族的种种特权。

楚辞 又称"楚词"，是战国时期的伟大诗人屈原创造的一种诗体。作品运用楚地的文学样式、方言声韵，叙写楚地的山川人物、历史风情，具有浓厚的地方特色。汉代时，刘向把"承袭屈赋"的作品编纂成集，名为《楚辞》，成为我国汉族文学史上的第一部浪漫主义诗歌总集。

■ 屈原《天问》雕像

■ 屈原传世名作《离骚》石刻

《天问》 屈原的代表作，收录于西汉刘向编辑的《楚辞》中，全诗373句，1560字，多为四言，起伏跌宕，错落有致。该作品全文自始至终，完全以问句构成，一口气对天、对地、对自然、对社会、对历史、对人生提出173个问题，被誉为"千古万古至奇之作"。

屈原的作品充满了积极的浪漫主义精神。其主要表现是他将对理想的热烈追求，融入了艺术的想象和神奇的意境之中。

如《离骚》写他向重华陈辞之后御风而行，他先叩天宫，帝阍闭门不纳。他又下求佚女，佚女恰巧不在那里。他去向宓妃求爱，宓妃却对他无礼。他欲求简狄和二姚，又苦于没有好的媒人去通消息。

这种上天入地的幻想与追求，反映了屈原在现实中对理想的苦苦探求。

此外，《九歌》和《天问》等还采用了大量神话和历史传说素材，其想象之大胆、丰富，十分罕有。除此之外，屈原作品还以一系列比兴手法来表情达意。他以鲜花、香草来比喻品行高洁的君子，以臭物、萧艾比喻奸佞或变节的小人，以佩带香草来象征诗人的品德修养。

这种"香草美人"的比兴手法，与现实中的忠奸、美丑、善恶形成了鲜明对照，产生了言简意赅、言有尽而意无穷的艺术效果。

在屈原多年流亡的同时，楚国的形势愈益危急。公元前278年，秦军攻破楚国京都，预示着楚国前途的危机。第二年，秦军又进一步深入。屈原眼看自己一度兴旺的国家已经无望，眼看自己的国家被侵略，他心如刀割，但是，始终不忍舍弃自己的国家。他也曾经考虑过要出走他国，但最终还是爱恋故土，在悲愤交加之中，于农历五月初五，在写下绝笔作《怀沙》之后，抱石投汨罗江而死。

屈原以自己的生命，谱写了一曲壮丽的爱国乐章。他是我国文学史上第一位伟大的爱国诗人，也是浪漫主义诗人的杰出代表。

作为一位杰出的政治家和爱国志士，屈原爱祖国、爱人民、坚持真理、宁死不屈的精神和他的人格，千百年来感召和哺育着我们无数中华儿女，尤其是当国家民族处于危难之际，这种精神的感召作用就更加明显。

作为一个伟大诗人，屈原的出现，不仅标志着我国诗歌进入了一个由集体歌唱到个人独创的新时代，而且他所开创的新诗体楚辞，突破了《诗经》的表现形式，极大地丰富了诗歌的表现力，为我国古代诗歌创作开辟了一片新天地。

后人因此将《楚辞》与《诗经》并称为"风骚"。"风骚"是我国诗歌史上现实主义和浪漫主义两大优良传统的源头。同时，以屈原为代表的楚辞还影响到后来汉赋的形成。

传说屈原投江后，楚国百姓哀痛异常，人们纷纷拥到汨罗江边去

> **汨罗江** 洞庭湖滨湖区主要河流之一，因上古时半姓罗国位于此处而得名。战国末年，楚国诗人屈原因反对楚怀王和楚顷襄王的对外政策，被流放至汨罗江畔的玉笥山，在这里他写出了传世巨作《离骚》《天问》等。

■ 汨罗江骚坛

■ 清代汪汉人物画《九歌图卷》局部

凭吊屈原。渔夫们划起船只，在江上来回地寻找打捞他的真身。

有位渔夫拿出为屈原准备的饭团和鸡蛋等食物，"扑通扑通"地全部投进江里，说是让鱼龙虾蟹吃饱了，就不会去咬屈大夫的身体了。人们见后，便纷纷仿效。

有一位老医生则拿来了一坛雄黄酒倒进江里，说是要药晕蛟龙水兽，以免伤害屈大夫。后来，人们怕饭团为蛟龙所食，便想出用楝树叶包饭，外缠彩丝，后逐渐发展成粽子。

此后，在每年的农历五月初五，就有了龙舟竞渡、吃粽子、喝雄黄酒的风俗，以此来纪念爱国诗人屈原。

正是由于纪念屈原的缘故，端午节也因此被称为诗人节。后来唐末江南僧人文秀写过一首《端阳》诗：

节分端午自谁言，万古传闻为屈原。

蛟龙 蛟和龙是不同的生物，虽然都有强大的力量，却一正一邪，有本质不同。龙则是我国传说中的一种善变化、能兴云雨、利万物的神异动物，为众鳞虫之长，四灵之首。龙在神话中是海底世界的主宰，在民间是祥瑞的象征，在古时则是帝王统治的化身。

堪笑楚江空渺渺，不能洗得直臣冤。

此诗表达了人民对屈原的同情与崇敬，抒发了作者对昏君和奸臣的痛恨。

阅读链接

传说有天晚上，一位老人在梦里梦到屈原，就问他："我们给您投去那么多食物，您吃到没有？"

屈原说："你们送给我的饭，都让那些鱼虾鳖蟹吃了。"

老人问："怎样才不会被他们吃掉呢？"

屈原说："你们用竹叶把饭包起来，做成菱角形的尖角粽子，它们以为是菱角就不敢抢着吃了。"

可是到了第二年的端午节，尖角的粽子还是被鱼虾鳖蟹给吃掉了。于是屈原再一次给老人托梦，说："送粽子的船要打扮成龙的样子，因为鱼虾鳖蟹属龙管辖，它们不敢吃龙王的东西。"

从那以后，年年端午节那天，人们划着龙船到汨罗江送粽子。这也是端午节吃粽子、划龙舟的一种来历。

纪念千古孝女曹娥娘娘

曹娥塑像

到了东汉时期，端午节的起源又加入了纪念孝女曹娥的说法。

传说在很久以前，浙江上虞古舜江西岸的凤凰山下，有个叫曹家堡的小渔村。村里有个姓曹的渔夫，名为曹盱。他天天都在舜江上捕鱼。他还是一位巫者，善于"抚节安歌，婆娑乐神"。

这位渔夫有个女儿叫曹娥，生得美如天仙，聪明伶俐，是个远近闻名的孝女。

有一年的春夏之交，连绵大雨，舜江洪水暴涨。江上浊浪滚滚，卷起一个个巨大的漩涡，洪水

曹娥庙建筑

淹没了滩涂。渔人盼大水又怕大水,涨了大水鱼虾多,但洪水汹涌危险大。

按着当地的习俗,每年这个时候,都要在舜江上举行迎祭神仪式。曹盱望着混浊的江水,一定要参加这个重要的仪式。

曹娥望着满天风云,劝爹不要去。

她爹说:"我善于安歌乐神,这个仪式每年都参加,只要小心就无事。"

曹娥见爹要去,就央求爹,她要同去,好歹也有个照应。她爹说,女儿不识水性,去了会给他添麻烦的,就不要去了。

曹盱去不多时,站在举行仪式的船头,忽然一个巨浪将船掀翻,很多人被跌进滔滔江水中。曹盱还没反应过来,就被卷进漩涡不见了。

曹娥在家不放心,时时盼、刻刻望,盼望爹爹平平安安早回家。直到日中太阳过了西,还不见爹爹回家来。她一次次跑到江堤上去望,但见江水茫茫,掀起层层恶浪,却不见爹爹。曹娥心里不安,她沿江向上游走三里,转身又朝下游走六里,还是没见到爹。

衣裳 古时上曰衣，下曰裳。由于古代纺织工具简陋，布的幅面很狭，所以一件下裳就得用几块狭幅布横拼起来，样子像一幅腰围。这种古老的服制，直到周代还作为礼服的一部分保留着，在祭祀和朝会时穿着。后来，衣裳泛指衣服。

太阳快落山头了，曹娥急得拼命叫："爹爹，爹爹啊……"

喊声招来了几个她爹的伙伴，他们个个衣衫湿淋淋的，大家见了曹娥都叹气，告诉曹娥说，他们一起突然被洪涛推进漩涡，她爹让水冲走了。曹娥一听吓出了魂灵，大叫一声"爹爹"，拔腿朝下游追去。

年仅14岁的曹娥痛失慈父，于是她昼夜不停地哭喊着沿江寻找。第七天时，曹娥脱下衣裳投入江中，对天祷祝说："若父尸尚在，让衣服下沉。如已不在，让衣服浮起。"

这句话刚说完，眼看衣服就沉没了。曹娥随即纵身投到江里，寻找父亲去了。

5日后，也就是五月初五这一天，已溺水身亡的曹娥，竟背负着父亲的尸体浮出了水面。众乡亲惊异，哀其孝女，就纷纷出资买棺木，将她的尸体葬于

■ 曹娥江风景

■ 曹娥庙

江东。孝女曹娥的坟墓，一直矗立在浙江的绍兴。

曹娥虽然死了，但她却能找回父亲的尸首，把他负到江堤边。她的孝心感动了天，更感动了四周的乡亲，他们又在曹娥跳水救父的江边，给她塑了雕像，尊她为"孝女娘娘"，后来人们把曹娥寻父出水的地方就叫作曹娥村。

到了151年，人们为纪念曹娥的孝行，再将曹娥改葬在江的西岸道路旁，此事迅速传扬开去，轰动了朝野。这时，有个原在皇帝身边当郎中的官，派到上虞当县令，名叫度尚。他为官清正，体察民情，对曹娥投江救父的事迹非常感动，于是就上报朝廷，将其封为了孝女。

相传曹娥江历史悠久，最早叫舜江，是虞舜避丹朱之乱来上虞，率百官治江害而得名。这是一条名震东南亚的大江。汉桓帝为纪念曹娥的孝行，就将舜江

曹娥（130年～143年），会稽上虞（今浙江绍兴市上虞区）人。东汉时期著名的孝女。后人为纪念曹娥的孝节，在曹娥投江之处兴建"曹娥庙"，她所居住的村镇改名为"曹娥镇"，曹娥殉父之处定名为"曹娥江"。

改名为曹娥江。

人们怀念孝女曹娥,为弘扬她的孝道,在浙江省上虞市曹娥江畔建起一座曹娥庙。相传,曹娥江不管怎样水急潮猛,还是江水奔腾咆哮,一到曹娥庙前面,立即变得无声无息,仿佛愧对孝女,悄悄遁去,过了曹娥庙门口,才敢再发出响声,叫人叹为奇迹。

曹娥庙早年又叫灵孝庙、孝女庙,几经迁徙、扩建、修葺,奠定了现有庙宇布局严谨、错落有致、气势恢宏的建筑基调。

■ 曹娥庙石碑

曹娥庙坐西朝东,背依凤凰山,面向曹娥江,占地6000平方米,建筑面积达3840米,主要建筑分布在3条轴线上。北轴线为3开间,依次有石牌坊、饮酒亭、碑廊、双桧亭和曹娥墓。中轴线为5开间,依次有罩墙、御碑亭、山门、戏台、正殿、曹府君祠。南轴线为3开间,依次有山门、戏台、土谷祠、沈公祠、东岳殿、阎王殿。

曹娥庙的文化积淀厚重,艺术品位极高,以雕刻、壁画、楹联和书法"四绝"饮誉海内外。

每年曹娥庙都要举行盛大的五月庙会,各省各府都有人来参拜曹娥孝女娘娘,各地香客盈门,盛况空前,逐步演变成端午习俗。

上虞县令度尚又让他有奇才的外甥邯郸淳作碑

山门 意为寺院正面的楼门,寺院的一般称呼。过去的寺院多居山林,故名"山门"。通常寺院为了避开市井尘俗而建于山林之间,因此称山号、设山门。山门一般有三个门,所以又称"三门",象征"三解脱门",即"空门""无相门""无作门"。

文。当时年仅20岁的邯郸淳写碑文不加点,一挥而就,令众人叹服。邯郸淳写完碑文,立碑在曹娥墓旁。这块石碑,便是著名的曹娥碑。

闻名天下的"曹娥碑",碑文为行楷体,文笔生动流畅,饱含激情,文人墨客视作瑰宝,在我国书法史上占有重要地位,堪称是曹娥庙的镇庙之宝。

195年,享誉东汉末年的大文学家蔡邕,因为得罪宦官逃到这里。他听说年轻的邯郸淳写碑文竟一挥而成,却又不加标点,便赶来观读。他在夜间来到曹娥庙,借着月光,手摸碑文,赞为奇文,就索笔在碑的背面题写了"黄绢幼妇,外孙齑臼"这哑谜式的古禅歌。

后来曹操领兵路过蔡邕的女儿蔡文姬家,见墙壁上挂着曹娥碑图,旁边写着这8个大字,于是曹操问蔡文姬是什么意思,可这位曾经创作过《胡笳十八拍》的著名才女,也不解这8个字的意思。其时曹操的谋臣杨修,看了一会就说已经破译。

好胜的曹操要杨修暂且勿言。马行三里,他也突然省悟破译,双方核对答案,居然都为"绝妙好辞"4个字。

原来黄绢是有颜色的丝,色旁加丝是绝字。幼妇是少女,女旁的少字即为妙字。外孙是女儿的孩子,女旁子定是好字。齑臼可称为

蔡邕 字伯喈,陈留圉人,东汉文学家、书法家。权臣董卓当政时拜左中郎将,故后人也称他"蔡中郎"。后汉三国时期著名才女蔡文姬之父。

楹联 又称对联或对子,是写在纸、布上或刻在竹子、木头、柱子上的对偶语句。对仗工整,平仄协调,是一字一音的中文语言独特的艺术形式。对联相传起于五代后蜀主孟昶,是中华民族的文化瑰宝。

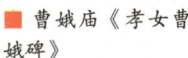
曹娥庙《孝女曹娥碑》

受辛之器，受旁辛字，则是受辛字，即辞字。

蔡邕的这段题词，就成了我国最早的字谜。从此，曹娥庙中的"曹娥碑"便名扬天下，文人墨客纷纷来这里作文吟诗，临摹碑帖，有的还写诗留念。

在曹娥庙里，尚存着35副楹联和120余方碑刻真迹，楹联又多围绕着曹娥的千古孝道做文章，却文字各异，风采万般，其中有明末会稽奇才徐渭亲手写的楹联。我国著名的大作家罗贯中、曹雪芹也把此碑事写到《三国演义》《红楼梦》的作品中。

汉代立的曹娥碑，大约1086年堕江。王羲之也曾重写过碑文，但也失落了。存留下来的这块是宋碑，由王安石之婿蔡卞书写的，碑文共有445个字，字体为行楷体，文人墨客视为瑰宝，是十分珍贵的历史文化遗产。

曹娥江、曹娥碑与曹娥庙成为闻名华夏的旅游胜地与珍贵的历史文化遗产。据史料记载，自宋代以来，历代皇帝对曹娥孝女给予高度赞扬。

阅读链接

有一个十分奇特的现象，曹娥庙正殿中央矗立着四根红木大柱，取硬币往柱身上贴，有的硬币会被吸住，历久不掉，有的用尽全力也贴不住。

相传庙宇重修时，工匠们为寻取这四根主柱颇费周折，最后还是曹娥托梦给工匠才去南洋找到。由于路途遥远，材料抵沪时离上梁的日期已很近，船主怕误工期，非常担心。

不料从上海至上虞，只航行一昼夜便到达庙前江边，船主大惊，认为是曹娥娘娘的神力所为，不但运输费分文不取，还特地赶制了一只船的模型，悬在暖阁之上，以示纪念和敬慕。

民间传说，币被吸住的投币人是孝子或是孝女，币没有被吸住的投币人不孝顺，必须经常到曹娥庙祭拜以添孝心。

习俗流布 一脉相承

粽子是端午节的主要节日食品之一。粽子，古称"角黍"，传说是为祭投江的屈原而开始流传的。端午节这一天，民间便互相送粽子作为纪念。粽子是我国历史上文化积淀最深厚的传统食品。

端午节除了吃粽子，还有吃"五黄"、煨蛋等传统。我国许多习俗，都包含着长期积累的生活经验。从五月份的气象、物候，可知端午的五黄和五毒是有一定道理的。

过去人们不知道疾病发生的原因，把生病看成是鬼怪作祟。他们就以挂钟馗像、在孩子额头上用雄黄写"王"字、给孩子穿虎头鞋等方法来求安宁。而雄黄酒、艾叶、菖蒲等也确有杀菌解毒的作用。

粽子相关食材的历代变迁

屈原雕塑

屈原是战国时期的楚国大臣，他积极主张楚国联合齐国，抗击秦国，他的意见没有被楚王采纳，反而被罢了官，发配到边远的地方。

当楚国快要灭亡时，在农历五月初五这天，屈原投汨罗江自杀了。屈原投江后，楚国人民为了不让江里的鱼虾蟹鳖吃屈原的尸体，就往江里投好吃的食物。

这样年复一年，人民为了纪念这位爱国诗人，每逢端午节这天，便把食物投到江里祭祀屈原。

到了汉代建武年间，有一个长沙人在晚间梦见了一个人，自称是

■ 端午节蜡像

三闾大夫,三闾大夫就是屈原。

梦中的屈原对他说:"你们祭祀的东西,都被江中的蛟龙偷去了,以后可用艾叶包住,用五色丝线捆好,蛟龙最怕这两样东西,这样就不用担心再被蛟龙破坏了!"

人们知道这个梦后,便以"菰叶裹黍",做成角黍,并世代相传。

真正有文字记载的粽子,见于晋周处的《风土记》。而流传有序、历史最悠久的粽子则是西安的蜂蜜凉粽子,记载于雍州人韦巨源的《食谱》中。其中写到粽子的特点是:

> 只用糯米,无馅,煮熟后晾凉。吃时用丝线勒成薄片,浇以蜂蜜与黄桂酱。

益智仁 又名益智、益智子。是姜科植物益智的干燥成熟果实。夏、秋果实由绿变红时采收,晒干或低温干燥。功效是温补固摄,暖脾止泻,固唾摄唾,温肾固精缩尿,主治脾肾虚寒,腹痛腹泻;或肾气虚寒小便频数,遗尿,遗精,白浊;或脾胃虚寒所致的慢性泄泻及口中唾液外流而不能控制者。

渔家傲 词牌名，北宋时期流行，有用以作"十二月鼓子词"者。渔家傲也是曲牌名，南北曲均有。渔家傲又有二，其一字句格律与词牌同，有只用半阕者，用作引子，另一与词牌不同，用作过曲。

据记载，当时人们用菰叶将黍米包成牛角状，称角黍。用竹筒装米密封烤熟，称为筒粽。

东汉末年，以草木灰水浸泡黍米，因水中含碱，用菰叶包黍米成四角形，煮熟，称为碱水粽。

到了晋代，粽子被正式定为端午节食品，这时，包粽子的原料除了糯米之外，还添加了中药益智仁，煮熟的粽子称"益智粽"。

在南北朝时期，又出现了杂粽。米中掺杂肉、板栗、红枣、赤豆等，品种增多。粽子还用作交往的礼品，相互馈赠。

到了唐代，粽子的用米，已"白莹如玉"，其形状出现了锥形和菱形。日本文献中就有"大唐粽子"的记载。在唐代，粽子已成为寻常百姓的美味食品，

■ 端午香囊

连皇上都爱吃。

当时,长安人常吃一种"百索粽",这种粽子因外面缠有许多丝线或草索而得名。此外,还有一种叫"九子粽"。九子粽是粽子的一种,即为9只粽连成一串,有大有小,大的在上,小的在下,形状各异,非常好看。九子粽是用9种颜色的丝线扎成,形成五彩缤纷的视觉感受。

绿色粽子

九子粽大多是作为馈赠亲友的礼物,如母亲送给出嫁的女儿,婆婆送给新婚媳妇的礼物等,因为粽子谐音"中子",民间有吃了粽子能得儿子的风俗。

唐代大诗人温庭筠,对九子粽也留下了赞美的诗句:"盘斗九子粽,瓯擎五云浆。"诗句工稳妥帖,简洁明快,似在玄宗之上。

唐代另一位诗人郑谷,在一首咏端午节的诗中吟曰:"渚闹渔歌响,风和解粽香。"描写小岛上渔家欢度端阳的热闹场面,诗中一闹一香,有声有色,跃然纸上。读之,使人感觉仿佛身临其境,如闻其味。

到了宋代,端午节已成为传统佳节,文人墨客诗句中写到端午节情景、端午节习俗的就更多了。在宋代众多的端午节诗中,不乏直接提到粽子的诗句。

欧阳修写过一组"十二月词",寄渔家傲调,其一写"五月"的词写道:

五月榴花妖艳烘,绿杨带雨垂垂重。
五色新丝缠角粽,生绡画扇盘双凤。
正是浴兰时节动,菖蒲酒美清尊共。

叶里黄鹂时一弄，等闲惊破纱窗梦。

从元稹的"彩缕碧筠粽"，到欧阳修的"五色新丝缠角粽"，足可佐证，从唐至宋，我国民间就有用彩色丝线缠捆粽子的习俗，且一直沿传了下来。

宋朝时，已有"蜜饯粽"，即果品入粽。诗人苏东坡有"时于粽里见杨梅"的诗句。此时，还出现了用粽子堆成楼台亭阁、木车牛马做的广告，说明宋代吃粽子已成为一种时尚。

元明时期，粽子的包裹料已从菰叶变革为箬叶，后来又出现用芦苇叶包的粽子，附加料已出现豆沙、猪肉、松子仁、枣子、胡桃等，品种更加的丰富多彩。到了清代，还出现了"火腿粽子"。

到了后来，粽子更是千品百种，璀璨纷呈。各地的粽子，一般都用箬壳包糯米，但内涵花色则根据各地特产和风俗而定，著名的有桂圆粽、肉粽、水晶粽、莲蓉粽、蜜饯粽、板栗粽、辣粽、酸菜粽、火腿粽、咸蛋粽等，品种繁多，味道极美。

阅读链接

清代乾隆皇帝，端午节在宫中吃了九子粽后，龙颜大悦，赞不绝口，欣然赋诗一首："四时花竟巧，九子粽争新。"

清代诗人吴曼云，也写有一首赞美九子粽的诗篇："裹就连筒米宿春，九子彩缕扎重重，青菰褪尽云肤白，笑说厨娘藕复松。"

粽子不仅形状很多，品种各异，由于我国各地风味不同，这些粽子均以佐粽的不同味道各异，使得粽子家族异彩纷呈。

粽子不同风味和多种样式

每当农历五月初五的早晨,我国各地的家家户户都会吃粽子用以纪念屈原。一般是前一天把粽子包好,夜间煮熟,早晨食用。

包粽子主要是用河塘边盛产的嫩芦苇叶,也有用竹叶的,统称粽

古人包粽子场景

■ 美食粽子

叶。粽子的传统形式为三角形，一般根据内瓤命名。

包糯米的叫米粽，米中掺小豆的叫小豆粽，掺红枣的叫枣粽。枣粽谐音为"早中"，所以吃枣粽的最多，意在读书的孩子吃了可以早中状元。过去读书人参加科举考试的当天，早晨都要吃枣粽。有些地方的人们在孩子参加一些重要考试的早晨，都要做枣粽给考生吃，为了取个吉利而已。

煮粽子的锅里一定要煮鸡蛋，有条件的还要再煮些鸭蛋、鹅蛋。吃过蘸糖的甜粽之后，要再吃蘸盐的鸡蛋"压顶"。

据说，吃五月端粽锅里的煮鸡蛋，夏天不生疮。把粽子锅里煮的鸭蛋、鹅蛋放在正午时的阳光下晒一会儿再吃，整个夏天不头痛。

端午节包粽子、吃粽子、互赠粽子，一直是浙江宁波人最有代表性的端午习俗。

宁波人包的粽子与别处不同，宁波箬壳粽用的是老黄箬壳或青竹壳，不像别处用芦苇叶、菰叶、芭蕉叶等裹扎。宁波粽子是稠黏适口的碱水糯米粽，不同于其他地方的白粽子。宁波粽子包扎成棱角分明的四角枕头形，不同于别处的三角形、五角形、六角形；宁波粽子以糯米粽为主，不同于别处以高粱米、黄黏

状元 科举考试以名列第一者为"元"，乡试第一称解元，会试第一称会元，殿试第一称状元。唐制，举人赴京应礼部试者皆须投状，因称居首者为状头，故有状元之称。在"学而优则仕"的年代，封建社会的文人都把考状元作为跻身仕途的唯一途径。

米、黏玉米等裹的。

宁波粽子品种花样繁多，有碱水粽、赤豆粽、绿豆粽、豇豆粽、红枣粽等素粽，也有火腿等荤馅料。粽子煮熟后，剥去箬壳后的四角糯米粽，因碱水浸泡的缘故，晶莹剔透犹如田黄石，清香扑鼻，蘸上少许白糖，吃起来又糯又黏。

过去，宁波有关端午吃粽子的绕口令是这样唱的：

<blockquote>一只粽子四只角，解缚脱壳，拘筷割角，白糖一沰，直哒咽落；两只粽子八只角，解缚脱壳，拘筷割角，白糖一沰，直哒咽落；三只粽子十二只角……</blockquote>

虽说是计数的童谣，却道出了宁波粽子滑溜爽口的特点。

旧时，端午粽子是主妇们自家裹的。旧时，宁波城中曾举办过端午粽子赛会。宁波的巧妇们将在家中预先做好的粽子集聚一堂，供宾客们观赏品评。

粽子的样式有鸳鸯枕、凤头、莲船和石榴，争奇斗艳，令人目不暇接。粽子馅有荤有素，味道有甜有咸，

> **田黄石** 简称田黄，因产于福州市寿山乡"寿山溪"两旁之水稻田底下、呈黄色而得名，为寿山石中优良的品种之一。它有广义的和狭义的之分：广义的田黄石指"田坑石"，狭义的田黄石指田坑石中之发黄色者。在物理性质、工艺美术特征等方面，田黄石与寿山石基本相同或相近，但因其珍稀和昂贵，故早已成为独立的印章石品种。

■ 粽子

端午粽子

五味杂陈。

最终，评定莲船式样为最佳，该粽长约0.3米，粗如玉臂，内掺白糯米、栗子肉、火腿、鸡丝，外裹箬壳，扎以彩绳，编成"请尝""端阳"字样，有棱有角，悦目动人。入水煮熟，去箬切片，盛于瓷盆，遍尝亲友，味极鲜美。

有人赋诗赞道：

未曾剥壳香盈溢，便经入腹齿犹芳。

吃粽子的风俗，千百年来，在我国盛行不衰，而且流传到朝鲜、日本及东南亚诸国。

由于我国各地的风味不同，粽子主要有甜和咸两种。

甜味粽子有白水粽、赤豆粽、蚕豆粽、枣子粽、玫瑰粽、瓜仁粽、豆沙猪油粽、枣泥猪油粽等。咸味有猪肉粽、火腿粽、香肠粽、虾仁粽、肉丁粽等，但以猪肉粽较多。

此外，还有南国风味的什锦粽、豆蓉粽、冬菇粽等，还有一头甜、一头咸、一粽两味的"双拼粽"。

广东粽子个头大，外形别致，除鲜肉粽、豆沙粽外，还有用鸡肉丁、鸭肉丁、叉烧肉、蛋黄、冬菇、绿豆蓉等调配为馅料的什锦粽。

厦门、泉州的烧肉粽、碱水粽很有名。烧肉粽的粽米必选上乘，猪肉则选择五花肉，并先卤得又香又烂，再加上香菇、虾米、莲子及卤肉汤、白糖等。吃时，蘸调蒜泥、芥辣、红辣酱、萝卜酸等多样作料，香甜嫩滑，油润而不腻。

闽南的粽子分碱粽、肉粽和豆粽。豆粽盛行于泉州一带，用九月豆混合少许盐，配上糯米裹成，蒸熟后，豆香扑鼻，也有人蘸白糖来吃。

浙江嘉兴粽子为三角形，有鲜肉、豆沙、八宝等品种。如鲜肉粽，常在瘦肉内夹进一块肥肉。粽子煮熟后，肥肉的油渗入米内，入口肥而不腻。

在浙江的多数地方，尤其是浙西山区居民，祖祖辈辈、从古至今都有用甜茶煮粽子、煮茶饭、煮茶粥的传统习惯。

粽子

糯米粽子

甜茶粽子,是取真武山优质甜茶叶,经煎熬取汁,用来制作粽子。其粽子色泽金黄油亮,入口润滑细嫩,柔软黏稠,齿颊留香,回味甘甜,去腻消食,营养丰富,又适合糖尿病人食用。

北京粽子是北方粽子的代表品种,其个头较小,为斜四角形。北郊农村,习惯吃大黄米粽,黏韧而清香,多以红枣和豆沙为馅。

桂中地区喜包形态酷似枕头的大枕头粽。桂中地区的大枕头粽,一个用上250克至500克米。而桂林地区喜包500克米可做六七个粽子的小枕头粽。

桂林以北,则喜包形态恰似狗头的狗头粽。在粽子包制过程中的配料方面,又各有特色。如桂林人包粽子喜加点儿碱粉,使煮熟的粽子产生碱香味。

泉州人包粽子喜欢用稻草灰水浸泡糯米,用这种方法包制出来的粽子既有适中的碱香味,也有诱人食欲的色彩。

紫色糯米粽

上海的粽子种类多。以杏花楼、新雅为代表的广式粽子,松软而味道浓烈。其外形为底平,呈正方形、五角形,一角向上,其余伸向四方。

台湾的粽子，样式可谓五花八门，至少有七八种不同的流行做法。

台湾粽子

台湾粽一直有"北部粽""南部粽"之争，到底是南部粽好吃还是北部粽好吃，都各有爱好者。

北部粽主要是将糯米事先调入酱油炒过焖过再加配料包起来，吃起来粒粒分明；南部粽是将生糯米及生花生用水泡开加入配料，再将整个粽子放入锅中用水煮熟，糯米因此软而绵密；口感上，北部粽有嚼感，南部粽有黏性；另外还有台湾客家人常吃的"碱粽"也有一定的支持者。

其他较为著名的粽子还有四川、两湖的辣粽，贵州的酸菜粽，苏北的咸蛋粽。

各式各样美味的粽子，既承载了我国的传统饮食文化，又承载了浓郁深厚的端午节纪念爱国诗人屈原的历史内涵。

阅读链接

粽子是端午节的节日食品，在端午节的前一天，人们便开始相互赠粽子作为纪念，同时也表达自己对对方的美好感情及祝愿。并且，粽子也是我国历史上文化积淀最为深厚的一种传统食品。

人们在选择购买粽子的时候，一定要注意"返青粽叶"。购买粽子时不要贪图颜色鲜绿好看，用传统风干粽叶包制的粽子虽然颜色陈旧暗淡，但更加自然、安全、放心。

风格迥异的节日饮食习俗

在端午节,除了吃粽子,民间还有吃"五黄"的习俗。五黄是指黄瓜、黄鳝、黄鱼、黄酒、咸蛋。

中医认为,端午节在农历的五月初五,是一年中阳气最盛的时候,中午又是一天中阳气最盛的时候,可用五黄的力量,健脾健身,

■ 粽子、水果和鸡蛋

■ 粽子与艾草

提升自己的精力。

黄鳝在端午时节，圆肥丰满，肉质鲜嫩，不但味道特别好，而且具有滋补功能。因此，民间有"端午黄鳝赛人参"之说。

在端午节，民间还有吃蛋的习俗。在江西南昌地区，端午节除吃粽子外，还要吃茶蛋和盐水蛋。蛋分鸡蛋、鸭蛋、鹅蛋等。蛋壳涂上红色，用五颜六色的网袋装着，挂在小孩子的脖子上，意谓祝福孩子"逢凶化吉，平安无事"。

在河南、浙江等地农村，每逢端午节这天，家里的主妇都起得特别早，将事先准备好的大蒜和鸡蛋放在一起煮，供一家人早餐食用。有的地方，还在煮大蒜和鸡蛋时放几片艾叶，早餐食大蒜、鸡蛋、烙油馍。这种食法据说是辟五毒，有益健康。

在宁波地区，宁波人兴吃"五黄六白"。在宁海、

五毒 民间认为五月是五毒，即蝎、蛇、蜈蚣、壁虎、蟾蜍的出没之时，民谣说："端午节，天气热，'五毒'醒，不安宁。"端午节驱五毒用意是提醒人们要防害防病。每到端午节，民间要用各种方法以预防五毒之害。

■ 油炸小黄鱼

余姚及宁波市区，不少家庭依然保留着吃五黄六白的食俗。

五黄是指黄瓜、黄鱼、黄鳝、黄蛤、黄梅。各地稍异，水乡吃黄鳝，海滨吃黄蛤，山区吃黄梅，有的用咸鸭蛋、黄豆瓣、枇杷等替代，因地制宜，反正是五样黄字头食物即可。

六白，则是指豆腐、茭白、小白菜、白条鱼、白斩鸡、白切肉，或白酒、白蒜头等。民间认为，吃五黄六白能辟邪解毒。

五黄六白是"上市头"菜肴、瓜果，主打菜是黄鱼，宁波民谚有"五月五，买条黄鱼过端午"之说。在宁波人的心目中，千鱼万鱼的滋味都比不上金灿灿的黄鱼，它是鱼中的王子。

端午的黄鱼个头肥大，不论清炖、红烧、油炸、做羹，味道都鲜美无比。咸齑大汤黄鱼、苔菜炸黄鱼、糖醋黄鱼，都是宁波人的家常菜。

像苔菜炸黄鱼，用面粉拌成糊，将黄鱼肉条蘸裹面糊，入油锅一炸。翡翠般绿的苔菜，黄澄澄的油炸黄鱼，外酥内软，香味浓郁，味道好极了。

端午是黄鱼旺发的季节。从前，宁波的黄鱼多得吃不完。从黄鱼背部入刀，剖开成扇形，撒上盐晒干

辟邪 广义的辟邪，或者民俗中的辟邪应该指一种行为以及它所引起的一些礼仪形式。我们在艺术史中说的辟邪是狭义的辟邪，是广义的辟邪行为所寄托的一种实物形式，或者说是辟邪行为的一种工具。所以可将广义上的辟邪称为"辟邪行为"，将辟邪行为中所要使用的工具称为"辟邪工具"，而将辟邪艺术品称为名词"辟邪"。

就成了黄鱼鲞。

宁波老歌谣《十二月鱼名》有"四月黄鱼晒白鲞"之句,黄鱼鲞送给上海亲戚,是美味的下饭菜。

清代王莳蕙《黄花鱼》诗写道:

琐碎金鳞软玉膏,冰缸满载入关舫。

此诗是对宁波沿海大黄鱼丰收景象的描绘:只见海面上,粼光灿烂,大黄鱼腾挪闪耀,似金箔璀璨。

宁波的黄鳝产于家门口的田塍边,容易捕钓。黄鳝圆肥味美,肉质鲜嫩,佐以韭芽,炒成鳝丝糊辣、爆鳝等,色泽黄亮,清香爽口,为宁波百姓端午宴客时所必备。

黄瓜也是"当令头"蔬果,与虾仁同炒,也可单独冷拌,鲜嫩清脆。饭后细嚼枇杷,不但应节令,而且有助于消化。

从冯梦龙的《山歌》中可知,在明代,浙北一带的端午节有给小孩子吃煨蛋的习俗。

人们把干燥的蚕豆壳、蚊子草、蛤蟆草点燃,使火盆生烟。当火盆烟火旺盛之时,人们便取出事先准备好的青壳鸭蛋,在蛋壳的一端敲出一个小孔,向孔内塞进一只小蜘蛛,将孔封闭后放进盆里煨烧。

鸭蛋煨熟后,将蛋内蜘蛛取出,即可给孩子们吃。据说孩子吃了这种煨蛋后,可以驱毒,盛夏就不会生痱子。

黄瓜虾仁

■ 粽子与酒

谢肇淛（1567年~1624年），历任湖州、东昌推官，南京刑部主事、兵部郎中、工部屯田司员外郎，曾上疏指责宦官遇旱仍大肆搜括民财，受到神宗嘉奖。入仕后，历各地所有名山大川，所至皆有吟咏，为当时闽派诗人的代表。曾与徐火勃重刻淳熙《三山志》，所著《五杂俎》为明代一部有影响的博物学著作，《太姥山志》亦为其所撰。

在端午节，民间有饮蒲酒、雄黄、朱砂酒的习俗，以酒洒喷。

据《荆楚岁时记》记载："以菖蒲或镂或屑，以冷酒。"菖蒲是多年生草本植物，生在水边，地下有淡红色根茎，叶子形状像剑，肉穗花序。根茎可作香料，也可入药。蒲酒味芳香，有爽口之感，后来又在酒中加入雄黄、朱砂等。

明代谢肇淛的《五杂俎》中记述："饮菖蒲酒也……而又以雄黄入酒饮之。"

雄黄酒是端午节的美酒。作家汪曾祺在《端午节的鸭蛋》中提到过雄黄酒，文中说：

喝雄黄酒。用酒和的雄黄在孩子的额头上画一个"王"字，比作猛虎，以威邪魅。这是很多地方都有的。

旧时几乎家家酿雄黄酒，但多为男人

饮，有些会喝酒的女人也饮些，小孩不能喝，大人就用手指蘸酒在小孩面庞耳鼻手心足心涂抹一番。至今，我国不少地方都有喝雄黄酒的习惯。

《清嘉录》记载："研雄黄末，屑蒲根，和酒饮之，谓之雄黄酒。"说的就是端午节时，民间百姓于此日将蒲根切细、晒干，拌上少许雄黄，浸白酒做成雄黄酒，亦有单独用雄黄浸酒的。

传统的饮雄黄酒习俗是一种恶俗。雄黄的主要成分是硫化砷，砷是提炼砒霜的主要原料，喝雄黄酒等于吃砒霜。雄黄还含有较强的致癌物质，即使小剂量服用，也会对肝脏造成伤害，且雄黄具有腐蚀作用。

朱砂 又称辰砂、丹砂、赤丹、汞沙，是硫化汞的天然矿石，大红色，有金刚光泽至金属光泽，属三方晶系。朱砂主要成分为硫化汞，但常夹杂雄黄、磷灰石、沥青质等。朱砂有解毒防腐作用，外用能抑制或杀灭皮肤细菌和寄生虫，还有镇静催眠作用。

■ 粽子与酒

端午节传统粽子

因此，服用雄黄极易中毒，轻者恶心、呕吐、腹泻等症状，甚至会中枢神经系统麻痹、意识模糊、昏迷等，重者则会致人死亡。

古时的老百姓为了驱邪、解毒，将中医学上针对实证采用雄黄的攻下疗法，误解为雄黄有驱邪作用，还把中医学上的解疮毒误解为雄黄可以解除或排出体内的毒物。

可见，人们不仅不能自制雄黄酒，就是含有雄黄的药品，也应当在医生指导下使用。

但是，如在雄黄里加入艾叶、薰草等原料制成香包，供妇女和儿童佩戴，可起到杀除病菌、消除汗臭、清爽神志的作用。同时，雄黄、艾叶、薰草都能散发出一种奇异的香味，可使蛇虫嗅之远遁。

在广西宾阳，逢端午时便有一包包的药料出售，包括雄黄、朱末、柏子、桃仁、蒲片、艾叶等。人们浸入酒后，再用菖蒲艾蓬蘸洒墙壁角落、门窗、床下等，再用酒涂小儿耳鼻、肚脐，以驱毒虫，求小儿平安。

关于在端午节应用朱砂酒的习俗，明代冯应京《月令广义》记载："初五用朱砂酒，辟邪解毒，用酒染额胸手足心，无会虺、蛇之患。"

又以洒墙壁门窗，以避毒虫。"此俗流传较广。

在广州，端午节有吃龙舟饭的习俗。据说吃过龙舟饭，便会"龙精虎猛，顺风顺水"。所以，每年到端午节，广州一些村落的村民们就会聚集起来，一齐吃龙舟饭。

讲究的龙舟饭里有道主菜称为"龙舟菜"，用料是辣椒、黄豆、豆角、芹菜、大头菜和猪肉丝。由于划龙舟会被水花溅湿身体，因此龙舟菜可以驱湿气。其他菜式包括寓意"红皮赤壮"的烧肉以及鸡、鹅、粉丝等，共有10个菜。

讲到粉丝，从五月初一开始，每次吃龙舟饭之前，村里的长辈都会把一些粉丝、虾米及一些瓜菜分给小孩，寓意他们长高长大。

此外，龙舟菜还包括粉葛扣猪肉、冬瓜粉丝虾米、酸姜炒鸭肾、茄子蒸家鱼、蚝油炒菜心、冬菇红枣蒸鸡、白菜薏米冬瓜香鸭汤等，都是美味的佳肴。

阅读链接

白娘子和许仙在西湖小船上认识以后，你喜欢我，我喜欢你，过不几天，两个人便结了亲。

端午节那一天，家家户户门前挂起菖蒲艾叶，地上洒遍雄黄药酒。金山下边的长江上，还要赛龙船，路上人山人海，热闹非常，许仙就要求白娘子一道去看赛龙船。

看龙舟赛的人都得喝雄黄酒，白娘子人缘又那么好，大家都给她敬酒，实在推托不了，只好勉强喝两口。白娘子不胜酒量，有点儿醉意。许仙只好让她回家。

白娘子到家醉过去了，现了原形。许仙看完龙舟赛，回家到楼上，看见一条蛇尾在白娘子身下，吓得惊叫起来，立时晕死过去。

白娘子被惊醒了，急忙收敛了蛇态，这才有了白娘子讨灵芝草救许仙的故事。

少数民族的别样端午节

端午节作为多民族的民俗大节，除了自古以来的辟瘟驱毒、防灾祛病的积极含义外，不可避免地掺杂了不同地方、不同民族的风俗色彩。也正因为如此，这个民俗节日的文化意味就更浓重了。

苗族银饰

■ 苗族高排芦笙

苗族的端午节。苗族历史悠久，早就有关于5000多年前苗族先民的记载，苗族的先祖可追溯到原始社会时代活跃于中原地区的蚩尤部落。商周时期，苗族先民便开始在长江中下游建立"三苗国"，从事农业稻作，曾经创造了辉煌的历史。

苗族还是一个善于歌舞，并且歌舞形式丰富多彩的民族，苗族舞蹈、鼓舞、芦笙舞令人叹为观止，因而被称为"歌舞的民族"。

在五月初五过"龙舟节"这天，苗族除了会举行盛大的龙舟竞渡之外，还会举行跑马、斗牛、踩鼓和"游方"等活动。男女青年在芦笙、竹笛、月琴等乐器伴奏下，翩翩起舞。出嫁的姑娘，在这一天要带上鸡鸭、粽粑回娘家省亲。

水族的端午节。水族自称"睢"，因发祥于睢水

蚩尤 中华始祖之一。上古时代九黎族部落首长，约在4600多年以前，黄帝战胜炎帝后，在河北涿鹿县境内，展开与蚩尤部落的战争涿鹿之战，蚩尤战死，东夷、九黎等部族融入了炎黄部族，形成了中华民族的最早主体。

■ 苗族舞蹈

流域而得名,故民间有"饮睢水,成睢人"之说。水族在端午节要举行赛马活动。赛马之前,各村要推选几位德高望重的老人,骑着披红挂彩的骏马,在跑道上走一圈,谓之"开道"。

骑手们在比赛之前先要表演腾空跃马等高超骑技,然后再进行赛马。赛马不以名次取胜,而是比马的耐力,比骑手精湛的骑术。

此外,水族端五节有吃素的习俗。据传水族的远祖从江西迁到贵州三都地区,在此开荒种地,创家立业。某一年的秋后,远祖的4个儿子前来探望远祖,远祖上楼取肉款待他们时,不慎失足坠楼而身亡。

而老人去世的日子,正是端午节的前一天。所以水族有在端午节前一天或老人去世下葬之前不吃荤的习惯。自此以后,水族从端节的第一天开始,只准吃素,直至端午节结束后才能吃荤。

布依族的端午节。布依族是云贵高原东南部的土著居民,早在石器时代就在这里劳动生息。布依族在端午节有打"格螺"的习俗。格螺形似漏斗,上圆下尖,便于旋转时用鞭抽打。格螺比赛有比凶、比久、比快三种形式。比凶，以撞倒别人的格螺为胜；比久，以发旋后最后一个停旋者为胜；比快，抽打格螺向斜坡上前进，谁先将格螺"活"着打上坡为胜。

满族的端午节。满族是我国最古老的民族之一，其历史最早可以追溯到7000多年前的肃慎时期，肃慎、挹娄、勿吉、靺鞨、渤海和女真，都可以说是和满族一脉相承的祖先。

满族过五月端五是为了祈福禳灾。相传很久以前，天帝派人下凡体察民情。五月初五，天帝的使臣扮成卖油翁吆喝道："一葫芦二斤，二葫芦三斤。"大家争先抢购，只有一个老头不仅不买，还告诉老翁账算错了。

等油卖完，老翁尾随那个不买油的老头，说："你是好人，今天晚上瘟神降瘟灾，你在自己房檐上插上艾蒿，可以躲过瘟灾。"老头听后就挨家挨户告

格 螺 即陀螺，是我国最早的娱乐项目。形状略像海螺，多用木头制成，下面有铁尖，玩时用绳子缠绕，用力抽绳，使其直立旋转。有的用铁皮制成，利用发条的弹力旋转。从我国山西夏县新石器时代的遗址中，就发掘了石制的陀螺。可见，陀螺在我国最少有四五千年的历史了。

端午放河灯

诉所有的人，家家插上艾蒿，瘟神无法降瘟灾，人们都得救了。

五月初五满族讲究房檐上插艾蒿以防病，还讲究到郊外踏露水，据说用这天的露水洗脸、洗头和洗衣服，可以避免生疮疖、闹眼病。

纳西族的端午节。纳西族系古羌人后裔，自西北河湟地区南迁，与土著融合而形成。东巴教是纳西族的特有宗教。东巴文化因保存于东巴教而得名，主要包括东巴文字、东巴经、东巴绘画、东巴音乐、东巴舞蹈、东巴法器和各种祭祀仪式等。

■ 香包挂件

纳西族每年农历五月初五清晨，家家要吃糖枣糯米饭，喝雄黄酒。门前插白蒿、三根菖蒲及两根大麦穗。长辈要给15岁以下的孩子绕扎五色棉线，称"续命线"。男孩绕左腕，女孩绕右腕。续命线需戴一月的时间，等到火把节最后一天才解下烧掉。

节日里，集市上还摆设药摊，出售各类名贵药材。妇女们则绣织小香包、小钱包、布娃娃、扇套、笔套等手工艺品。

傣族的端午节。傣族是一个具有悠久历史的少数民族，自古以来傣族先民就繁衍生息在我国的西南部。史籍《史记·大宛列传》《汉书·张骞传》就有傣族的历史记载，皆称傣族为"滇越"，《后汉书·和帝本纪》等数称傣族先民为"掸"或"擅"。

傣族 最早也被称作摆夷族，是我国少数民族之一。散居于云南的大部分地方。傣族通常喜欢聚居在大河流域、坝区和热带地区。傣族历史悠久，与属壮侗语族的壮族、侗族、水族、布依族、黎族、毛南族、仡佬族等有着密切的渊源关系，都是"百越""骆越"民族的后裔。

魏晋时期，称傣族为"僚""鸠僚""越"和"濮"。到了唐宋时期，傣族被称为"金齿""黑齿""膝齿""绣面""绣脚"和"白衣"等。元明清时期，都称傣族为"白夷""百夷""伯夷"和"摆夷"等。

傣族的端午节被当地人称为粽包节，是傣族民间节日，流行于云南省红河哈尼族彝族自治州部分地区，农历五月初五举行。

节日里，未婚青年男女身着盛装，在村边树下围成一圈唱情歌。然后，小伙子把粽包掷给自己所看中的姑娘，若姑娘也有意，就拾起粽包，双双到附近僻静处谈情说爱，至日落西天时才离去。

藏族的端午节。藏族主要是居住在青藏高原地区，藏族是汉语的称谓。西藏在藏语中称为"蕃"，生活在这里的藏族自称"蕃巴"，"蕃巴"又按不同地域分为阿里地区的"堆巴"、日喀则地区的"藏巴"、拉萨地区的"卫巴"、四川西部地区的"康巴"和青海、云南、川西北等地区的"安多洼"等。

藏族的端午节被藏民称为采花节，是藏族传统节日，主要流行于甘肃与四川交界的博峪一带。采花节在农历五月初五，节期两天，也叫女儿节。

俗传很久以前当地荒芜一片，是一位莲芝姑娘教会了人们

《后汉书》 一部由南朝刘宋时期历史学家范晔编撰，记载东汉历史的纪传体史书，与《史记》《汉书》《三国志》合称为"前四史"。该书中共分10纪、80列传和8志，记载了从光武帝刘秀起至汉献帝的195年历史。

法器 又称佛器、佛具、法具或道具。凡在佛教寺院内，所有庄严佛坛，以及用于祈请、修法、供养、法会等各类佛事的器具，或是佛教徒所携带的念珠、锡杖等修行用的资具，都可称为法器。

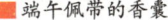
端午佩带的香囊

采花 相传椎果树神桑建为民除害消灾,带给人们幸福、安宁。于是每年阿昌人都以椎果花相互祝福。进山采花时,队伍最前边的男子要挥舞阿昌人的"户撒刀"开路,以后放枪、放鞭炮、载歌载舞。鲜花采回后,扎成花塔、花轿,置于广场上。在第二三天,开始"浇花"。

种地,教会了人们采花治病。后来,莲芝姑娘在五月初五上山采花时失足摔死。人们为了纪念她,就逐渐形成了采花节。

采花节的主要活动是抢水、采花和祝福。节日的早晨,人们要抢泉水洗身、饮用,俗说这一天用太阳未照的泉水洗浴可以得到吉祥、饮用可祛除疾病。接着,青年男女身着盛装,带上美味佳肴,到阿里坎山上去采花。

出发时,全村男女老幼欢歌送行,采花者则表达采花的决心和愿望。到达采花坪,姑娘采花,小伙砍柴、支锅、搭棚,傍晚开始歌舞,直到半夜方休。

第二天返回村寨时,姑娘头上插鲜花、戴花环,背满筐鲜花草药。到村口时,全村齐聚村头,鸣枪致意,送酒送馍,祝贺采花青年归来,采花姑娘则向各户赠送礼物并祝福。

彝族的端午节。彝族是我国有悠久历史和古老文化的民族之一,有诺苏、纳苏、罗武、米撒泼、撒尼

■ 端午节粽子

端午节庆祝活动

和阿西等不同的自称。分布在云南、四川、贵州三省和广西壮族自治区的西北部。

端午节是彝族的都阳节，是彝族民间传统节日，主要流行于四川省凉山彝族自治州雷波及金沙江沿岸等地，时间在农历五月初五。

传说古时有一年天气炎热，彝族寨子里病疫流行，人们惊恐万分。江边的汉族兄弟听说后就把端午节采的菖蒲、艾叶和雄黄送上山，用药给老人洗疮，用雄黄酒给阿依擦身，不几天，人们的病全好了。后来，彝族人备了厚礼下山感谢汉族兄弟。

汉族人告诉他们说，端午节的草药能治百病，还能辟邪。从此，彝族也过起了端午节。因为端午节又叫端阳节，彝语把"端"念成了"都"，所以将端阳节叫作"都阳节"。

节日这天，家家户户门前都挂上菖蒲和艾叶，孩子们要用雄黄酒擦脸，青年男女还要包好粽子，带上酒和坨坨肉，到风光秀丽的山间

■ 端午节粽子

古歌 我国民歌体裁风俗歌的一种。以古代神话、传说为内容，反映各民族先民心目中创世过程的民间歌曲。主要流传在我国南方少数民族中，亦称"创世记""创世古歌""开天辟地歌"和"史歌"等。

草坪，进行摔跤、跑马、斗牛、斗羊、跳舞等活动。

杨梅会也是彝族的一个传统节日，时间也是农历五月初五，流行于云南省南涧彝族自治县新民区一带和峨山彝族自治县高鲁山一带。

传说很久以前，有个道人路过高鲁山一带，在山路旁种下一片瓜，并在瓜地边撒下一把细米。后来，瓜藤变成了山脉，瓜果变成了村寨，细米则变成了杨梅。这里的人便守着瓜地繁衍生息、世代相传。

每到农历五月初五杨梅熟透的时节，人们便聚会到山上，一边采摘杨梅，一边尽情欢乐，以表对那位道人的纪念。

这一天，人们除采摘杨梅，小伙子和姑娘们还聚集到一起，进行对歌和跳芦笙舞等娱乐活动。一些小伙子和姑娘通过对歌交往，往往结下百年之好。

仡佬族的端午节。仡佬族散居贵州、云南、广西等地，也有"老户""土人"和"土蛮"等别称。

居住地降水丰富，气候温暖，适合开展农业等多种经营活动。仡佬族以农业为主，平坦地区多种水稻，山区旱地多种杂粮，属稻作农耕经济文化类型。

仡佬族有自己的语言，语音特点上接近苗语，但同源词接近壮侗语，这种情况很可能是因为仡佬族与苗族长达1000多年的交流历史造成的。仡佬族没有自己的文字，历史由口传文学如古歌等来传承。

神仙坡节是彝族、仡佬族、汉族等民族的节日。流行于贵州省纳雍县和水城一带，时间是农历五月初五。

传说在古代时，当地有一位叫木达的小贩，他买卖公平，不欺不诈，而且有一副成人之美的好心肠。在小贩差一天就100岁的那一天，他通知周围48个村寨的各族青年人到神仙坡上集中，为青年人穿针引线物色对象。后来，他便乘着白鹤慢慢升天而去。以后人们便把这个地方叫神仙坡。

鹤 寓意延年益寿。在古代是一鸟之下，万鸟之上，仅次于凤凰，明清一品官吏的官服编织的图案就是"仙鹤"。同时鹤因为仙风道骨，为羽族之长，自古被称为"一品鸟"，寓意第一。仙鹤代表长寿、富贵。传说它享有几千年的寿命。仙鹤独立，翘首远望，姿态优美，色彩不艳不娇，高雅大方。

■ 端午芦笙表演

每年的这一天，人们都会集中到这里来，纪念这位仙人，并歌唱娱乐，后便形成神仙坡节。届时，各族青年男女从四面八方聚会纳雍和水城交界地的神仙坡，举行吹芦笙、赛马等娱乐活动。

普米族的端午节。普米族是我国具有悠久历史和古老文化的民族之一。据本民族传说和历史记载，普米族原聚居于青藏高原，是青海、甘肃、四川交界处的游牧部落，以后他

■ 普米族青年

们从高寒地带沿横断山脉逐渐向温暖地区迁移，这个过程延续了上千年。

一个民族，从大西北到大西南，跋山涉水，历尽艰辛，不断迁徙，历时千年，然而民族的特色却能一直保留下来，这在人类的历史上是极为少见的。生活在云南云岭山区的普米族，可以说是我国迁徙最远的一个少数民族。

转山会是普米族传统节日，也称"绕岩洞"。流行于云南宁蒗彝族自治县普米人居住区，在每年的农历五月初五举行。

当地普米族群众视狮子山为女神，且为最高保护神，认为她可主宰繁殖和生育，给人间以幸福与平安。是日，人们身着盛装，携带食品，聚集在泸沽河

仙人 即神仙，是我国本土的信仰。仙人信仰在我国早在道教产生之前就有了，后来被道教吸收，又被道教划分出了神仙、金仙、天仙、地仙、人仙等几个等级。远在佛教传入我国之前，我国本土就有了仙人的信仰。佛教传入我国之后，把古印度的外道修行人也翻译成了仙人。

畔的狮子山下，唱歌跳舞，骑马射击。

无论相识与否，人们都互相祝愿。所有前来赶会的人都要去瀑布洗澡，祈求四季平安，万事如意。

朝鲜族的端午节。朝鲜族作为中华民族的一员，有许多自有的风俗民情，端午节就是朝鲜族的六大民间节日之一。朝鲜族的端午节内容和汉族的端午节有着不同的内容。如姑娘用菖蒲水洗发，用菖蒲根做成的菖蒲簪别在头上，意在辟邪。

这一天，村里杀猪，家家做艾糕和蒸饼，还吃小豆包。农家还做菖蒲酒和浊酒，请人共饮。这一天，还会举行妇女荡秋千和小伙子们摔跤等比赛。

土家族的端午节。土家族将端午节视为端阳节，这一天，除了油茶汤等土家族传统食品之外，粽子更是必不可少的。在重庆酉阳土家族自治县的龙潭古镇，随处可见蹲坐在地上，叫卖粽叶和糯米的土家族人。刚刚摘下的粽叶带着些许山林的清香气味，和着糯米甜甜的香气，让人强烈地感受到端午节的气氛。

> **芦笙** 为西南地区苗、瑶、侗等民族的簧管乐器。在我国，只要有苗族人的地方，就有芦笙。在贵州各地少数民族居住的村寨，素有"芦笙之乡""歌舞之乡"的称誉。芦笙是少数民族特别喜爱的一种古老乐器，逢年过节，他们都要举行各式各样、丰富多彩的芦笙会，吹起芦笙跳起舞，庆祝自己的民族节日。

■ 端午节粽子

■ 端午节香袋

灯笼 起源于西汉时期，每年的农历正月十五元宵节前后，人们都挂起象征团圆意义的红灯笼，来营造一种喜庆的氛围。后来灯笼就成了我国人喜庆的象征。经过历代灯彩艺人的继承和发展，形成了丰富多彩的品种和高超的工艺水平。我国的灯笼综合了绘画艺术、剪纸、纸扎、刺缝等工艺，在我国古代制作的灯彩中，以宫灯和纱灯最为著名。

摆手舞是土家族原始的祭祀舞蹈。每逢节日，土家族人都会打着灯笼和火把，举着五彩锦旗，身披花被面，拥入专门的"摆手堂"。

土家族摆手舞节奏鲜明，舞姿粗犷有力，内容多为表现土家族人民生产、生活和征战的场面。能歌善舞的土家族人民常常一连几个通宵跳摆手舞，庆祝节日和美好的生活。在这天，土家族的人们会把已出嫁的女儿一家接回娘家过节，未婚的女婿在端午节这天必须在岳父母家共度良宵。

女婿必送"五色礼"给岳父母。岳父母准备好粽子、麻花等款待女儿一家，但必须准备"花伞"或"草帽"，女儿、女婿回家时各送一把花雨伞，俗称"鸳鸯伞"，雨伞象征夫妻感情天长地久，经受人生风雨而白头到老，夫妻风雨同舟、忠贞不渝。

端午"送花伞",也就成为土家族婚俗中约定俗成的风俗。山寨不论贫富,不分贵贱,端午这天都要给未婚和已婚女婿送一把雨伞,表达父母的一片心愿。花伞象征夫妻形影相随、永不分离。

此外,一些土家族人还会在吊脚楼前搭台对歌,表达男女之间的爱慕之情和浓浓的乡土之情。

达斡尔族的端午节。达斡尔族五月五端午节有早起喝"圣水"、江河沐浴、采艾蒿塞耳朵、吃馅饼、水饺或饸饹的习俗。

达斡尔族有一古老的风俗:把端午节这天的井水视为圣水,能喝上这天日出前第一口"圣水"的人是最幸福的人。所以,各家各户都争相起早,求得一年的吉利。家里的童叟妇孺不便到井台来,用打回去的水洗脸,也能清心明目,益寿延年。

清晨到江河边沐浴。通常,少女会在水边梳妆,男人们则到水中游上一圈。究竟为什么达斡尔族人都愿在端午节到江中沐浴?相传,这样做可以洗去过去一年的瘟灾毒瘴,可以避灾驱邪,求得一年平顺。

端午节采艾蒿是达斡尔族与其他许多民族共有的风俗。把艾蒿插于同伴的耳侧,塞耳朵,挂于门楣房檐,表现了人们的一种祝愿。

编成艾绳晾干储存起来,日后既能点燃驱蚊除瘴,又能用它点烟对火。妇女们到江河之滨,和姐妹们尽情地欢乐一番,唱着乌春、扎恩达勒,跳

包粽子

起鲁日格勒。

蒙古族的端午节。蒙古族过端午节有踏青、登山和采集艾蒿等习俗。在端午节当天的日出前,蒙古族的人们都要穿上节日的盛装,迎着初升的朝阳,欢聚在圣洁的敖包前开始传统的祭祀活动。农牧民在这一天自发组织娱乐活动,融祭祀与民族歌舞于一体。

之后,身着盛装的蒙古族人们便会选周围有代表意义的山进行攀登。特别是对未婚的男女来说,这是一个绝好的交流时机。已订婚未结婚的恋人这一天一定要在一起。

无论男女老少都会奋力登上山顶,用随身携带的祭品祭祀山川草木,祈求山神、路神保佑丰收、平安。能歌善舞的人们还会用原生态的民歌、马头琴等来歌颂美好的幸福生活。

采集艾蒿是说天一亮,人们就会早起床上山采集五月艾蒿,插在门窗和箱柜上,并人人将艾叶夹在耳朵上。据传说在远古的时候,蒙古族地区受外部人入侵,人们躲在白蒿丛中得以逃生,因此人们认为此蒿为仙蒿。不但要将艾蒿挂在家中,还要插在敖包上进行祭祀。

阅读链接

锡伯族的端午节。锡伯族世居呼伦贝尔大草原和嫩江流域,18世纪中叶西迁至新疆察布查尔等地。

每年端午节,他们都举行一次规模盛大的赛马和叼羊活动,优胜者给予奖励。后来,由于与周围各兄弟民族之间的交往日益密切,便经常举行多民族的赛马、叼羊比赛。

这不仅锻炼并增强了他们的体质和毅力,而且促进了各民族间的友爱团结。

精彩演绎 龙舟文化

"龙舟竞渡"是在战国时代就已有的习俗。战国时期,人们在急鼓声中划刻成龙形的独木舟,做竞渡游戏,以娱神与乐人,此时的龙舟竞渡是祭仪中半宗教性、半娱乐性的节目。

在两湖地区,祭屈原与赛龙舟是紧密相关的。可能屈原及曹娥、伍子胥等去世后,当地人民也曾用魂舟送其灵魂归葬,故有此俗。但赛龙舟除纪念屈原之外,各地人们还赋予了它不同的寓意。

具有深厚内涵的龙舟文化

那是在很久很久以前,广西宾阳邹圩没有河流,只有一条又小又脏的水沟。有一天,有个渔人在水沟里网住了一条小蛇。这条小蛇十分奇特,尾部有9片闪耀的鳞片。当渔人把手触向鳞片时,蛇眼里闪着

端午赛龙舟

乞求的光芒，十分可怜。

渔人顿生恻隐之心，抚了一下它的鳞片，就把它放回了水沟。谁知那9片鳞忽然落了，小蛇长身而舞，化为一条小龙。

原来，它是一条天上的神龙，因触犯了天条，受玉皇大帝处罚，才变成这副模样，它的尾巴上被加了9把锁，就是小蛇尾上的9片闪耀的鳞。

玉皇大帝曾言："这锁要打开，除非得到人的阳气。"刚才渔人无意中竟打开了小龙身上的千年枷锁。小龙为了感谢渔人，在水沟里不停地翻动，并从口里不停地喷出水来，灌注在小水沟里。慢慢地小水沟变成了大河，也就是后来的邹圩清水河，河水为邹圩带来了五谷丰登。

为了纪念这条神龙，人们把沿河的村子称为龙头寨、上龙首等村。在神龙升天这一天，也就是端午节举行赛龙舟，以示庆贺。

龙舟竞渡作为一种文化，还有一种传说是由龙图腾崇拜的宗教祭祀活动不断发展而来的，后来用以纪念爱国诗人屈原等先贤志士，起到传承我国的古老文化，凝聚民族精神的强大动力。

传说在我国东南沿海的百越人是个神秘的民族，在我国南方曾分布着大大小小许多部落，他们大多具

■ 古画《龙舟竞渡图》

玉皇大帝 全称是"昊天金阙无上至尊自然妙有弥罗至真玉皇上帝"，又称"昊天通明宫玉皇大帝""玄穹高上玉皇大帝"，居住在玉清宫。道教认为玉皇大帝为众神之王，在道教神阶中修为境界不是最高，但是神权最大。玉皇大帝除统领天、地、人三界神灵之外，还管理宇宙万物的兴隆衰败以及吉凶祸福。

■ 划龙舟雕塑

有某些共同的文化特征，就是崇拜龙图腾，被统称为吴越人。吴越人善于驾驶独木舟，他们信奉蛟龙为图腾。图腾祭祀也就是龙舟竞渡最早的文化遗存。

早在7000多年前，远古先民已用独木刳成木舟，加上木桨划舟。我国较早的文学经典著作《淮南子·齐俗训》记载：

胡人便于马，越人便于舟。

我国最早有关龙舟的记载，见于先秦记述周穆王事迹的古书《穆天子传》：

天子乘鸟舟龙舟，浮于大沼。

相传在很久以前，南方水网地区人们就常以舟代

《淮南子》又名《淮南鸿烈》《刘安子》，是我国西汉时期创作的一部论文集，由西汉皇族淮南王刘安主持撰写，故而得名。该书在继承先秦道家思想的基础上，综合了诸子百家学说中的精华部分，对后世研究秦汉时期文化起到了不可替代的作用。

步,以舟为生产工具和交通工具。人们在捕捉鱼虾的劳动中,比水产品的收获量。人们在休闲时相约划船比速度,寓娱乐于劳动生产及闲暇中,这是远古竞渡的雏形。

神话传说古代吴越人是以龙为图腾的民族。我国古籍《说苑·奉使》等说吴越之民有"断发纹身""以像龙子"的习俗,这种习俗的文化底蕴来源于对龙图腾的崇拜。

后来吴越人民为表明自己是"龙"的后裔和对龙祖的尊重,祈求龙神来保护生命安全和避免蛇虫之害,每年五月初五这一天,都要举行盛大的龙祭。

他们在祭祀的仪式上,将龙形纹饰在身体上,把乘坐的木船刻画成龙的形状,龙首高昂,龙尾翘起,涂上各种彩色,称为龙舟,龙舟就这样产生了。

这种祭祀活动寄托着人们祈愿像龙图腾那样,让

图腾 原始人群体的亲属、祖先、保护神的标志和象征,是人类历史上最早的一种文化现象。运用图腾解释神话、古典记载及民俗民风,往往可获得举一反三之功。图腾就是原始人迷信某种动物或自然物同氏族有血缘关系,因而用来做本氏族的徽号或标志。

端午节龙舟赛

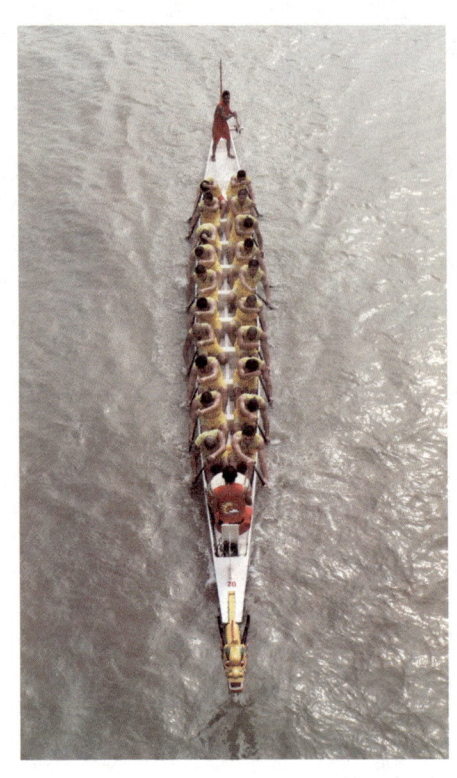

■ 端午节龙舟

龙的传人得以复兴强大起来，后来人们在龙舟的四角缠上彩旗，彩旗飞舞，青壮年"着彩衣，立龙首"，在急骤的鼓乐声中做龙舟竞渡，赛龙舟的习俗由此开始发展起来。

人们在祭祀龙图腾的节日里，用饰龙的独木舟竞渡，来敬奉欢娱神明龙。在龙舟竞渡的同时，人们将各种装在竹筒中或裹在树叶里的食物，抛给龙神吃。

在这种充满神秘色彩的原始宗教文化活动中，你追我赶的热闹景象，团结拼搏的精神力量，就是龙的传人争取民族复兴的演绎，这就是龙舟文化深刻的内涵，也是龙舟文化最值得传承的意义。

到了春秋时代，人们赛龙舟纪念爱国诗人屈原，或是纪念越王勾践训练水师，卧薪尝胆，以弱胜强战胜吴国的事迹，仍然包含图腾复兴的文化意向。

唐朝张建封的《竞渡歌》在结尾时写道：

须臾戏罢各东西，竞脱纹身请书上。

这时还是称彩衣为纹身。

据晋代司马彪的《后汉书·礼仪志》记述，夏商周龙舟竞渡有些在夏至节举行。自从人们用以纪念屈原，便多在端午节赛龙舟了。龙舟竞渡源于屈原的最

鼓 在远古时期，鼓被尊奉为通天的神器，主要是作为祭祀的器具。在狩猎征战活动中，鼓都被广泛地应用。鼓作为乐器是从周代开始。周代有八音，鼓是群音的首领，古文献所谓"鼓琴瑟"，就是琴瑟开弹之前，先有鼓声作为引导。鼓的文化内涵博大而精深，雄壮的鼓声紧紧伴随着人类，从远古的蛮荒一步步走向文明。

早说法,见于南朝梁人宗懔的《荆楚岁时记》记载:

> 端午节这一天,龙舟竞渡,众船齐发,表示赶去拯救屈原的意愿。在水上击鼓鸣锣,是为了驱赶欲食屈原躯体的蛟龙。

传说屈原是在五月初五投江殉国。古人以五月为多灾之月,初五又是犯忌的日子,常以这一天为哀悼纪念的日子。

在汉代以后相当长的时间里,以龙舟竞渡纪念不同的忠臣孝女,在不同的地区并存着。

在四川,南宋以后的一段时期,为纪念唐代安史之乱时保卫成都有功的浣花夫人,每逢四月十九她的生日,便由地方官率众游锦江。

司马彪 河内温县人,字绍统,西晋史学家,晋朝皇族,高阳王司马睦长子。年少时勤奋好学,孜孜不倦,但轻薄好色,常遭到司马睦的责备。后过继给晋宣帝司马懿之弟司马敏,名义上是过继于人,实际上是废除他的继承权。司马彪因此闭门读书,博览群籍。初官拜骑都尉,泰始中任秘书郎,著作转丞。著作《续汉书》。

■ 龙舟赛浮雕

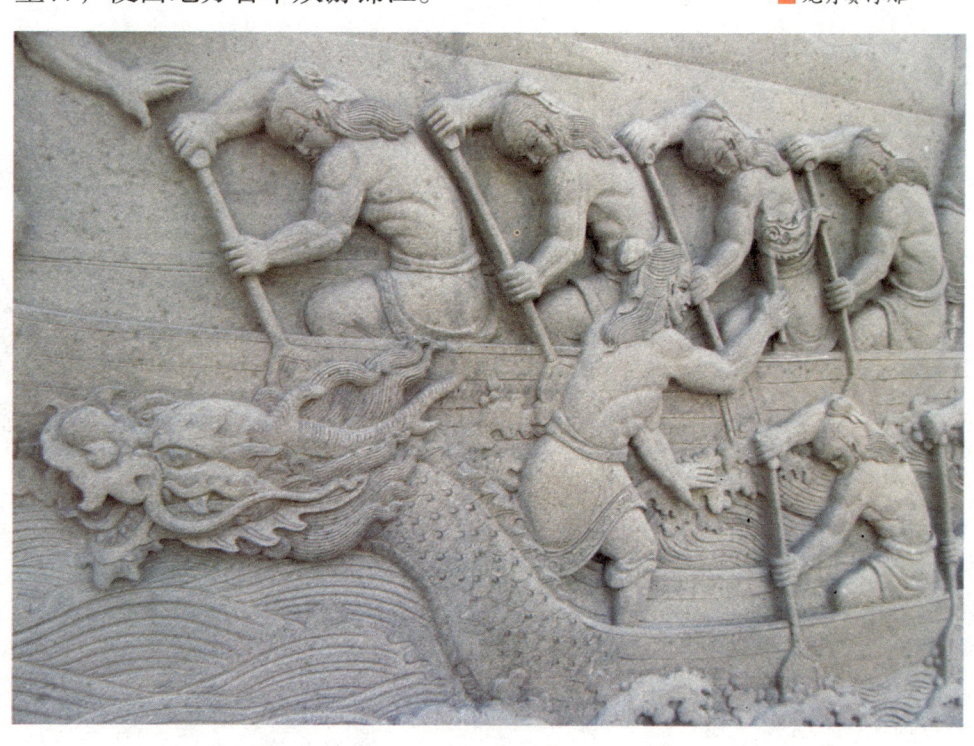

到了宋代，朝廷追封屈原为忠烈公，并下诏将五月初五定为"端午节"，谕令各地官府组织诸如赛龙舟之类的活动，以纪念屈原。

后来，历代的人们就在端午节举行龙舟竞渡和吃粽子一起来纪念屈原，这也就成为端午节固定的习俗了，使人们误以为龙舟起源于纪念屈原。

这种情况的出现，并不是偶然的。因为屈原忧国忧民的襟怀，直言敢谏的品格，对反动势力和险恶形势不妥协、不退让的斗争精神以及出污泥而不染的高尚情操，在我国数千年的历史中，是上自宫苑君王，下至乡野百姓，一致公认的崇高道德典范。

屈原深厚的爱国主义精神，具有其他忠臣孝女无法抗衡的力量，这种力量蕴藏于我们全民族集体意识的深处，融汇在我们中华民族精神的心理素质、审美意识、伦理观念以至民族精神的精髓之中。

屈原精神与龙舟文化的结合，使龙舟竞渡这种古老的习俗获得了新的含义，注入了新的精神。

相传在屈原所投的汨罗江两岸人民，每年端午节龙舟竞渡时，他们往往点上蜡烛，抬着龙头，先到"屈子祠"去祭拜一番，然后一声

炮响，众船竞飞，表达他们对先哲的哀思。

在正式竞渡开始时，气氛十分热烈。唐代诗人张建封《竞渡歌》写道：

> 两岸罗衣扑鼻香，银钗照日如霜刃。
> 鼓声三下红旗开，两龙跃出浮水来。
> 棹影斡波飞万剑，鼓声劈浪鸣千雷。
> 鼓声渐急标将近，两龙望标且如瞬。
> 坡上人呼霹雳惊，竿头彩挂虹霓晕。
> 前船抢水已得标，后船失势空挥桡。

这些诗句淋漓尽致地写出了龙舟竞渡的壮观景象。妇女们平时是不出门的，此时也争着来看龙船，银钗耀日。鼓声、红旗指挥下的龙舟飞驰而来，棹如飞剑，鼓声如雷。终点插着锦旗彩杆，作为标志。

赛龙舟除纪念屈原之外，不同区域的各民族人们

屈子祠 又名屈原庙，为祭祀战国时楚国大夫屈原神位之祠庙，位于湖南省汨罗市汨罗江畔玉笥山麓。建筑占地1354平方米，坐北朝南，为单层单檐砖木结构，有三进三厅，十四耳房，前有三座砖砌大门，门楼上刻有十三幅表现屈原的浮雕。

■ 端午龙舟比赛

■ 端午赛龙舟

还赋予了不同的寓意。

江浙地区划龙舟，兼有纪念当地出生的近代女民主革命家秋瑾的意义。夜晚，在龙船上，张灯结彩，来往穿梭，水上水下，情景动人，别具情趣。

贵州苗族人民在农历五月二十五至二十八举行"龙船节"，以庆祝插秧胜利和预祝五谷丰登。云南傣族同胞在泼水节赛龙舟，纪念古代英雄岩红窝。不同民族、不同地区，划龙舟的传说有所不同。

在很长的历史时期，南方不少临江河湖海地区，每年端午节都要举行富有自己特色的龙舟竞赛活动。赛龙舟，除了比赛速度外，还有其他一些活动。比如龙舟游乡，是在龙舟竞渡时划着龙舟，到附近熟悉的村庄游玩、集会。

有时龙舟还有各种花样的划法，具有表演的含义。如广州的龙舟，挽手用桨叶插入水中，再往上挑，使水花飞溅。船头船尾的人有节奏地顿足压船，

吴自牧 钱塘人，大约在宋度宗咸淳中前后在世，生平亦无考证。宋亡后尝追记钱塘盛况，介绍南宋都城临安城市风貌，作《梦粱录》20卷。《四库全书总目提要》认为，此书与孟元老所著《东京梦华录》同体。

使龙舟起伏如游龙戏水一般。

浙江余杭县龙舟,有的是让人把龙尾踩低,使龙头高翘,船头的急浪便从龙嘴中喷吐出来,如龙吞云吐雨一般。也有的是游船式竞渡,如《淮南子·本经训》记载:

龙舟鹢首,浮吹以娱。

也就是说,人们划着龙船,摇船在水上奏乐、游玩,是一种自娱自乐的活动。

在宋代吴自牧的一部介绍南宋都城临安城市风貌的著作《梦粱录》中记载,南宋杭州有"龙舟六只,戏于湖中"。湖上有龙舟,只是画舫游船的一部分。

在划龙船时,又多有唱歌助兴的龙船歌流传。如湖北秭归划龙船时,有完整的唱腔,词曲根据当地民

画舫 舫即是船的意思,画舫就是装饰华丽的小船。一般用于在水面上荡漾游玩、方便观赏水中及两岸的景观。有时候画舫也指仿照船的造型而建在园林水面上的建筑物,做法与真正的画舫较为相似,但是下部船体采用石料,所以像船而不能动,一般固定在比较开阔的岸边,也称不系舟。

■ 端午赛龙舟

端午龙舟比赛

歌与号子融汇而成，歌声雄浑壮美，扣人心弦，有"举楫而相和之"的遗风。

又如广东南雄县的龙船歌，是在四月龙船下水后唱到端午时止，表现内容十分广泛。流传于广西北部桂林、临桂等地的龙船歌，在竞渡时由众桡手合唱，有人领呼，表现内容也多与龙舟、端午节俗有关，歌声宏远，撼动人心。

随着时代的发展，龙舟活动的内容增多，由单一的竞渡，发展至驾龙舟抢鸭子、造型龙舟游江等。

龙舟文化具有历史长远的悠久性，各族人民独特方式竞赛的民族性，有众多人员参赛和观看的群众性，奋力拼搏的竞争性，以及由此产生的娱乐性等特点。

阅读链接

早在屈原之前，沅陵就有了龙舟。沅陵龙舟发源于远古，祭祀的对象是五溪各族共同的始祖盘瓠。盘瓠曾落户沅陵半溪石穴，生六儿六女，儿女互婚配，繁衍成苗、瑶、侗、土、畲、黎六个民族。

盘瓠死后，六族人宴巫请神，为其招魂。因沅陵山多水密，巫师不知他魂落何处，就让各族打造一只龙舟，逐溪逐河寻找呼喊，以至演变成后来的划船招魂的祭巫活动。沅陵龙舟起源5000年前，比纪念屈原的说法要早了3000多年。

绽放异彩的传统制作工艺

龙舟是做成龙形或刻有龙纹的船只。民间用来竞渡的龙舟与皇家龙舟不可比肩,一般都做得窄小狭长一些,以利于赛事。

传说古人出于对龙的崇拜,历代在龙舟的制作上都相当的讲究,

龙舟"龙头"

■ 赛龙舟

天子 即天之嫡长子。其命源天对封建社会最高统治者的称呼。他们为了巩固自己的地位和政权，自称其权力出于神授，是秉承天意治理天下，故称天子。他们还宣扬自己生下来就有许多瑞徵，还有所谓"天子气"。人们还把他们比作"龙"，称为"真龙天子"。

显示出传统工艺的精湛。他们在龙舟制作的时候，是按龙舟竞渡的特点不断创造完善的。

古代龙舟的结构、取材、大小、长短、形制，龙舟的人数、桨手的培训和挑选等，文献上少见全面的记载，直至明朝的《武陵渡考略·渡考》中才有了较为详尽的记述。

在《渡考》中，虽然有龙舟的大小尺寸，却没有形象的图画，但是却可以和最早的宋代龙舟图联系起来理解。

到了宋代，龙舟种类的多样化，超乎了人们的想象。他们制造较大型的龙舟，有多层的楼台亭阁，豪华非常，当是天子所乘的龙舟。其余龙舟也有大小不同，或8桨，或10桨，都是可以竞渡比赛的。

龙舟与普通船只不太相同的地方，就是大小不一，桡手人数不一。广州黄埔、郊区一带制造的龙

船，长33米，船上有100人，桡手80人。南宁的龙舟就不一样了，长20米，每船约50人。湖南汨罗县制作的龙舟又是不同，长16米至22米，桡手24人至48人。福建福州制作的龙舟长18米，桡手32人。

各地制造的龙舟一般都是狭长和细窄的，他们在船头饰龙头，船尾饰龙尾。龙头的颜色有红黑灰等色，均与龙灯的头相似，姿态不一。一般以木雕成，加以彩绘，也有用纸扎、纱扎的。龙尾多用整木雕，上刻鳞甲。

很多龙舟上还有锣鼓和旗帜或船体绘画等装饰。如广东顺德龙舟上饰以龙牌、龙头龙尾旗、帅旗，上绣对联、花草等，还有绣满龙凤、八仙等图案的罗伞。一般龙舟没有这么多的装饰，多饰以各色三角旗、挂彩等。

古代龙舟也很华丽，如画龙舟竞渡的元人王振鹏

木雕 雕塑的一种，在我国常被称为"民间工艺"。雕刻用木材一般以不过硬为好，在传统建筑上用于垂花门、外檐、门窗、额枋、隔扇、屏风等。木雕艺术起源于新石器时期中国，在距今7000多年前的浙江余姚河姆渡文化，就已出现了木雕鱼。秦汉时期，木雕工艺趋于成熟，绘画、雕刻技术精致完美。

■ 端午赛龙舟景象

所绘的《龙池竞渡图卷》，图中龙舟的龙头高昂，硕大有神，雕镂精美，龙尾高卷，龙身还有数层重檐楼阁。如果是写实的，就可以证明古代龙舟的精美了。

《点石斋画报·追踪屈子》绘画的芜湖龙船，也是龙头高昂，上有层楼。有的地区龙舟还存有古风，很艳丽。

据记载，古代西湖上的龙舟，约十五六米长，头尾高翘，彩画成龙形；中舱上下两层，船首有龙头太子和秋千架，均以小孩装扮，太子立而不动，秋千上下推移；旁列弓、弩、剑、戟等"十八般武艺"和各式旗帜。尾有蜈蚣旗，中舱下层敲打锣鼓，旁边坐水手划船。

潮汕的龙舟有多种样式，正规的龙舟有龙头、龙颈、龙尾。龙身半圆而长，宽1.4米至1.6米，长短不一，有容纳12对桨、16对桨、32对桨不等，最长的可容52对桨。

龙舟的制作特重视"意头"的选择。传统的大

> **戟** 一种我国古代独有的兵器。实际上戟是戈和矛的合成体，它既有直刃又有横刃，呈"十"字或"卜"字形，因此戟具有钩、啄、刺、割等多种用途，所以杀伤能力胜过戈和矛。戟在商代就已出现，西周时也有用于作战的，但是不普遍。到了春秋时期，戟已成为常用兵器之一。

龙舟全长35米至36米。在龙舟升水和比赛的时间上，也要择好吉日良辰，尾数必定是"一"。这些都以一作为尾数，寓意拿到第一。

苏州的龙舟分成各色，四角插旌旗，鼓吹手伏在中舱，两旁划手16人。篙师手执长钩立于船头，称作挡头篙。船头亭上，选面端貌正的儿童，装扮成台阁故事，称龙头太子。船尾高丈余，牵系彩绳，由擅长嬉水的小儿表演"独占鳌头""童子拜观音""指日高升""杨妃春睡"等节目。

龙舟本身就是看点。据《金阊民俗史话》记载，竞渡龙舟：

一般用质地轻巧的杉木制成，长7至11米，也有长至十几米的，宽约一米至数米，前装木制龙头，后装龙尾。大型的龙舟中舱有3层彩楼，高至9米，雕刻或彩绘，十分精细，旗幡绣伞，罗列前后，锦绣满船。

但也有一些贫穷的乡镇，因无力置办龙舟，便用农船或渔船临时改装，用纸扎的龙头龙尾装于木船前后，再用绘满鳞甲的布幔围之，因草草而成，被称为"草龙"。

参赛的龙舟起码是2艘以上，一般有5艘，分为青红黄白黑色，代表东西南北中方，也有6艘或7艘的，至多10多艘。

自古以来，历代在龙舟的制作上都不断改善工艺。端午龙

龙舟竞渡前的准备

■ 龙舟彩绘

雕刻 对雕、刻、塑三种创制方法的总称。指用各种可塑、可雕、可刻的硬质材料创造出具有一定空间的具有可视、可触的艺术形象，借以反映社会生活，表达艺术家的审美感受、审美情感和审美理想的艺术。历史悠久、技艺精湛的各种雕塑工艺，如牙雕、玉雕、木雕、石雕、泥雕、面雕、竹刻、骨刻、刻砚等，是我国工艺美术中一项珍贵的艺术遗产。

舟一般分为龙头、龙身、龙骨、龙尾4部分，外加桨和舵，打造出像龙一样的形状。这种龙舟扁长、轻巧、两头翘，无桨桩，昂扬的龙头和飞扫的龙尾雕刻得十分精致，油漆彩绘灿然发光。

对龙舟制作要求很高，要请专门的木工师傅，择日开工。据传，过去在动工前还须斋戒沐浴、焚香、拜神，一点儿也不能马虎。

对木料的要求很严格，多数选用上等的木料，采用大木料来制作。如龙头，一般必须用整块的桧木来雕刻，以求灵气十足。

至于船体，多采用樟木来做，因为樟木能防虫防腐，经久耐用。制作讲究的还用整木将龙尾雕刻出许多鳞甲。制成的龙舟再配以各色浓妆，使龙舟像龙一样栩栩如生。

龙舟的长度很有讲究，广东人造龙舟多取好彩头的尺寸，譬如船长33.88米，寓意"生生猛猛"。龙舟的船身平时多是沉放在河塘的淤泥中，以防干裂，也符合"龙生大泽"的传闻。每年只有到了端午这个时节才会"请龙出水"。

龙舟上装饰最繁杂的当数顺德的鸡公头龙舟。这种龙舟中部有一个神楼、一个大鼓和一个铜锣。龙舟上还有龙头旗、龙尾旗、帅旗和罗伞等装饰。

制作龙舟前要选上乘木材，船身的木材要选上等的杉木，因为杉木轻巧，船不笨重，船速就快一点儿。船头、船尾用樟木，这种木质比较坚硬。依照民间习俗，樟木被视作神木，通常用来制作祭祀用品。

汨罗江附近区域的龙舟属"飞凫式"类型，制作的龙舟，船身长约24米，中等长约18米，短的12米，船宽一般为1.1米，中有一根纵贯首尾的龙骨木，宽0.57米左右，高约0.6米。

桡子，即龙舟桨叶，长约0.4米，宽0.28米，桡柄长0.7米，有横把手，桡全长约1.1米，桡子不称"把"，而称为"皮"，一般的龙舟为34皮桡子，48皮桡子的称大龙舟。桡子要用樟、杉木制作，每皮桡叶上书写某龙得胜。

龙舟舵称为"招"，是用樟木制作的，呈"橹"状，长4米至5

年画——龙舟大会

米。撬棍一副两根，每根长约1.9米。锣鼓架于船中舱，鼓为圆柱形，高0.6米，直径0.4米；锣一面，直径约0.4米。

传说，很多地方制造龙舟有个偷树风俗，在制造龙舟前，首先要偷树。被偷的人家认为，用他家的树作龙舟是吉祥的征兆，发现偷树的不动真格地追赶。

制作龙舟时，他们将偷来的树选一根最大的架在木马上，龙舟首司请一个木匠掌脉师，选一个黄道吉日，举行发木仪式。

发木仪式大体上与龙头仪式相同，木匠掌脉师要念神咒，反身将斧头劈在树上。首司要顶礼朝拜。发木之后，掌脉师按龙舟划手人数计算下材，由人工锯木计算材料要非常准确，要求是所有划手等人坐在船上，所需之物放在船上，船边的水平线以中点为标准，水平线过低船就慢，水平线过高船就会翻。

龙舟制作工艺是中华民族伟大智慧的象征，龙舟文化在制作过程中不断绽放异彩。

阅读链接

龙是中华民族的图腾，我们的祖先笃信龙能主宰一切。每年的农历四五月，吴楚水乡的先民就有在江河里划独木舟以娱龙、祈求龙神保佑的习俗。由此而衍生出后来的赛龙舟。

正是出于对龙和屈原的尊敬和崇拜，汨罗江畔的赛龙舟是一项十分神圣的活动，因而龙舟的打造必须遵循一整套严格的仪式和禁忌。

划龙舟一般由家族或村落推举的龙舟会组织。龙舟会的主要负责人称为"首司"，主要负责决定龙舟活动的大小事宜。龙舟底部的那根木头称主筋木，这根木头一定要用盗来的木材。

人们认为盗物必须跑得快，于是造出的龙舟也定然划得快，别人始终追不上。因为女人、小孩跑得慢，所以举行伐木仪式不让女人和小孩参加。

秭归汨罗江纪念屈原龙舟赛

屈原的故乡在湖北宜昌的秭归。作为家乡人，在秭归，人们对屈原的缅怀之情尤甚，纪念的方式也胜过其他地方。

在端午节里，屈原家乡人纪念屈原最重要的民俗方式主要有赛龙舟、办诗会和公祭屈原。

龙舟竞渡要求很严。龙舟上的桡工人数、穿着都有要求。每船42

■ 龙舟

名划手，按龙舟色着装。桡工们各有分工：龙舟前有站头的，舟后有拖艄的，中间有打腰鼓的。

龙舟竞渡是秭归端午节的重头戏。南宋大诗人陆游的《归州重五》，就描述了秭归在当时的端午节龙舟竞渡的盛况：

斗舸红旗满急湍，船窗睡起亦闲看。
屈平乡国逢重五，不让常年角黍盘。

千百年来，划龙舟一直是屈原家乡秭归的最大的群众性集会，乡亲们非常看重龙舟比赛。端阳节时的峡江屈原沱，锣鼓喧天，鞭炮齐鸣，江上龙舟飞渡，岸上人山人海。

秭归划龙舟除场面壮观、竞争激烈外，特别之处

招魂幡 又叫灵旗，古代招引亡魂的旗子，之后行招魂礼。楚地土家俗传，人有三魂，各有分工，魂丢人亡。喊魂即找回丢失的魂，人还未死，通过梯玛、巫觋找回游魂附体即可免死。人死了，通过礼生、梯玛、道士找回原有的三个魂，一个上神龛受祭，一个留坟堂守墓，一个去投生再世为人。

是竞渡前还要举行游江招魂。颜色各异的龙舟均竖起"魂兮归来"的招魂幡，以白龙为首的龙舟在江中缓行环游，峡谷中回响起荡气回肠的《招魂曲》：

我哥哟，回哟嗬，听我说哟，
天不可上啊，上有黑云万里，
地不可下啊，下有九关八极。
东不可往啊，东有旋流无底，
南不可去啊，南有豺狼狐狸。
西不可向啊，西有流沙千里，
北不可游啊，北有冰雪盖地。
唯愿我大夫，快快回故里，
衣食无须问，楚国好天地。

> **灵牌** 又称牌位、灵位、神主、神位等，是指书写逝者姓名、称谓或书写神仙、佛道、祖师、帝王的名号、封号、庙号等内容，以供人们祭奠的木牌。牌位大小形制无定例，一般用木板制作，呈长方形，下设底座，便于立于桌案之上。古往今来，民间广泛使用牌位，用于祭奠已故亲人和神祇、佛道、祖师等活动。

■ 端午赛龙舟

> **祭文** 文体名。祭祀或祭奠时表示哀悼或祷祝的文章。体裁有韵文和散文两种。内容主要为哀悼、祷祝、追念死者生前主要经历，颂扬他的品德业绩，寄托哀思，激励生者，它是由古时祝文演变而来，其辞有散文，有韵语，有俪语。

两岸的人们都随着游江龙舟的鼓点节奏，深情地唱和着"我哥回哟"，并满怀着崇敬之心，把预先备好的粽子纷纷投入江中。

在秭归，每年都在端午节期间隆重举行公祭屈原的活动，从南北朝一直延续了下来。所谓公祭，就是由官府出面组织的祭屈大典，为区别于民间祭祀而称为"公祭"。

在端午节，即屈原投江殉志的这天，在屈原祠里或屈原祠前的屈原沱江边，用松柏、艾叶扎成大型祭坛，将蒸熟的全猪全羊、瓜果点心及粽子献于屈原灵牌或塑像前，巨大的挽幛上篆书：

屈原大夫魂兮归来。

在婉转凄切的鼓乐箫声中，身着白色孝服的主祭官，如歌如吟地读着歌颂屈原美德的祭文。数百名学

■ 汨罗江龙舟比赛

■ 龙舟大赛

童齐声朗诵屈原的作品《橘颂》，孩子们稚嫩而有活力的诵读声，让整个屈乡充满朝气。

随后，各参赛龙舟队的领头人扛着龙头，向屈原牌位或塑像祭拜，然后是众人依次叩首焚香，祈求当年风调雨顺和五谷丰登。

湖北郧县的赛龙舟活动，可以说是我国端午龙舟的"活化石"。

堵河口位于郧县境内的汉江与堵河交汇处，围绕着韩家洲的两江三岸一渚上分布着许多自然村落，这里的乌家河、堵河口、西流、韩家洲和店子河5个村，自古以来就有龙舟会民间组织。村民们在龙舟会的组织下，每年端午聚集一起开展龙舟会赛事。

这里的龙舟会是世代相传的一种组织，约定俗成居住在村落里的每位村民都是会员，12岁至59岁的男性村民是主干会员。

龙舟会里只设会首，逐年逐户轮流充当，如果该户没有成年男人，就自动流转到下一户。每年端午节的傍晚，都有农户到刚参加完赛事的龙船上去"接

祭拜 在特定的时候朝拜一些人物、神明等的传统，具体的祭祀的目的主要是弭灾、求福、报谢。祭祀是华夏礼典的一部分，更是儒教礼仪中最重要的部分，礼有五经，莫重于祭，是以事神致福。祭祀对象分为三类：天神、地祇、人鬼。天神称祀，地祇称祭，宗庙称享。

> **彩绘** 在我国自古有之，被称为丹青。其常用于我国传统建筑上绘制的装饰画。我国建筑彩绘的运用和发明可以追溯到2000多年前的春秋时代。它自隋唐年间开始大范围运用，到了清朝进入鼎盛时期，清朝的建筑物大部分都覆盖了精美复杂的彩绘。

龙"，把木制龙头、龙尾捧回家，担任下一届会首。

会首的责任就是承担组织赛事的一切活动和支出，在端午节的中午和晚上，要在家里摆酒席招待所有龙舟会的成员，并请村里60岁以上的老人坐上席。

堵河口5个村落所敬奉的龙有区别，乌家河村祭拜乌龙，后来改为黄龙，堵河口祭拜青龙，西流村祭拜黄龙，韩家洲村祭拜青花龙，店子河村祭拜白龙。各村的木雕龙头和龙尾上所施的彩绘和龙舟会旗帜上龙的颜色，都与所信奉的龙的颜色一致。

每到端午节，这几个村的龙舟会就会聚集在一块儿划龙舟，世代相传。

龙舟是各龙舟会公有专用的，平时锁在专用的龙舟房内秘不示人，除了端午赛事，不作其他用途，只能在端午节前后上香烧纸钱祭拜后，才能进出龙舟房。

在端午的前两天，会首组织会员打开龙舟房，将龙舟抬到江中浸泡，待到木船吃透水后，再用铁丝打好几道箍。

■ 岸边龙舟

农历五月初四的上午，各村都要扮船，将龙舟打扮得鲜亮，下午组织人员到江边演船。这天，无论在外打工还是走亲戚，都要风雨无阻地赶回家里，参加一年一度的龙舟会。

晚饭后，家家户户到龙舟前的沙滩祭拜许愿。零点过后，要以家庭为单位正式祭龙。堵河岸边鞭炮不绝于耳，午夜时尤盛。

农历五月初五上午，龙舟会赛事活动在乌家河与堵河口

端午赛龙舟

之间的堵河江面上进行，下午在西流与店子河之间的汉江江面上进行。5个村的龙舟在锣鼓喧天的江面上参与竞赛，场面异常激烈。

郧县龙舟会是群众自发组织，且数千年来一直流传，完全是原汁原味，把龙图腾崇拜意识保存得非常完好。

湖南岳阳是龙舟运动的发源地，因为伟大的爱国诗人屈原就是在汨罗江以身殉国的，当地人引舟抢救他的行为，后来渐渐演变成了盛大的龙舟竞赛活动。

赛龙舟的习俗代代相传，汨罗江畔的赛龙舟最为隆重。大概是因为屈原在这里沉江的缘故。

每逢端午节，汨罗江畔都要举行竞渡仪式，万人空巷，争相观看。身着新装的人们，点着几十对蜡烛，绕船走3圈，意思是"祭鲁班"。到屈子庙朝拜，抬着龙头祭庙，最后挂红下水开始赛龙舟。

这时，成群龙舟一齐下水，一声炮响，船似箭发，两岸欢呼，鞭炮齐鸣。船分青龙、黄龙、白龙等，不仅船身，就连船上那些旌旗罗伞的装饰，以及桡手们的服装乃至船桨，都为一色。

龙舟上除桡手外，还有指挥者和擂鼓者。指挥者手执令旗，站在船头喊号子领唱。擂鼓者以激昂的鼓声，一方面增加威势，振奋人心，一方面协调桡手们的划水节奏。

比赛时，规定赛场、比赛路线，划定起点和终点，还进行编组、编号和选定负责人，分初赛、复赛、决赛层次。

每个龙舟上还得挑选一个水性特别好的人，专司夺标之职。系着红布的活鱼标、活鸭标固然难捉，而沉入水底的铁标更非得有好的潜水本领才行。当夺标健儿跃入水中追捉的时候，岸上观众呐喊助威，场面十分壮观。

阅读链接

纪念型的龙舟竞渡，形成于汉魏六朝。吴国人周处《风土记》是最早记录端午竞渡的文献，说明在三国时期，"端午竞渡"就已经成为一种风气。

而记录龙舟竞渡是为了纪念屈原的最早文献，是梁代吴均、宗懔和唐代魏徵留下的资料。其中魏徵在《志》中写道："屈原五月望日赴汨罗，土人追至洞庭不见，湖上船小，莫得济者，乃歌曰'何由得渡湖？'因而鼓掉争归，竞会亭上，习以相传，为竞渡之戏。其迅楫齐驱，梢歌乱响，喧震水陆，观者如云，诸郡率然。"

自此，端午竞渡这一民俗统一在"纪念屈原"这个具有凝聚力的主题上。